명문대 멘토가 알려주는

대학합격 시크릿

UP

"합격의 문을 여는 가장 확실한 방법"

★★★
개정판

수시·정시 대비 맞춤형 멘토링
상황별 솔루션에 맞춘 입시 방향 제시
실전 활용 가능한 주제 탐구 자료제공

명문대 멘토가 알려주는

대학합격 시크릿

펴낸날   2025년 1월 2일

글   오디바이스, 박원주, 진로N

기획   오디바이스, 진로N

디자인   배민아, 조혜원

펴낸곳   나이스에듀 (진로N)

출판등록   제2024-000001호

주소   (21315) 인천 부평구 부평대로 283, A동 115호

전화   1660-0848

이메일   jinronedu@daum.net

홈페이지   www.jinron.kr 진로엔뉴스

정가   19,500원

ISBN   979-11-988086-0-8

명문대 멘토가 알려주는

대학합격
시크릿

머 리 말

안녕하세요. 1:1 멘토링 플랫폼 오디바이스 대표 이병희입니다.

우리는 누구나 자기 분야의 정상(Summit)을 꿈꾸며 삽니다. 그리고 그 정상에 도달하기 위해 저마다 가진 재능과 역량, 방법과 수단을 동원해서 도전에 나섭니다. 하지만 '부푼 꿈'과 '할 수 있다'는 자신감으로 무장한 채 길을 나서도, 실제로 정상에 오른 사람은 그리 많지 않습니다.

'신들의 정원'이라 불리는 네팔 히말라야산맥의 최고봉에 오른 유명 산악인들의 공통점이 있습니다. 바로 경험이 풍부한 '셰르파'와 함께 했다는 점입니다. 변화무쌍한 날씨를 점검하고, 최적의 루트를 선정하고, 돌발 위험에 대처하는 셰르파의 '경험' 없이는 아무리 위대한 산악인이라 하더라도 정상 등정은 불가능합니다.

우리의 인생도 비슷합니다. 특히, 한국에서의 대학 입시는 더욱 그렇습니다. 내가 간절히 원하는 대학(Summit)으로 가는 길은 멀고, 거칠고, 가파릅니다. 경쟁도 치열하고, 여러 가지 돌발 변수도 많습니다. 이 길을 학생 홀로 걸어간다면 목표에 도달하기까지 험난한 상황을 무수히 만나게 될 것입니다. 하지만 그 길을 먼저 경험한, 대학 입시의 '셰르파'인 대학생 멘토와 동행한다면 성공 확률은 월등히 높아집니다.

〈명문대 멘토가 알려주는 대학합격 시크릿〉에는 대학 입시의 '셰르파'인 대학생 멘토들의 진한 경험이 녹아 있습니다. 피가 되고 살이 되는 귀한 정보가 있습니다. 쉽게 접하기 어려운 노하우가 있습니다. 멘토들이 자세하게 알려주는 귀한 경험들은 대학입시라는 멀고 험한 여정에 오른 여러분들에게 곧고 빠른 지름길을 알려 줄 것이라 생각합니다.

이 책은 크게 3개 PART로 구성돼 있습니다.

PART.1에서는 오디바이스에 1:1 멘토링을 청해 온 학생들의 입시·학습·시험 관련 고민 사례와, 비슷한 처지에서 대입에 성공한 명문대 학생 멘토들의 어드바이스가 실려 있습니다. 일반고, 특성화고, 자사·특목고 등 서로 다른 유형의 고등학교에 다니며 성적대도 성격도 다양한 학생들의 멘토링 사례를 읽다 보면, 여러분에게 꼭 필요한 '셰르파의 경험'을 반드시 발견하게 될 것입니다.

PART.2에서는 베스트셀러인 〈우리 아이 인서울 대학 보내기〉의 저자이자 자녀 교육 전문가인 '평범엄마' 박원주 작가님이 학부모 멘토로 나섭니다. 자녀들에게 든든한 서포터가 되기 위해 학부모님들이 꼭 알아야 할 학업·입시 코칭법부터, 자녀가 사춘기를 슬기롭게 넘길 수 있도록 학부모님들이 조력자가 돼 주는 방법까지, 자신의 실제 경험을 예로 들어 자녀 교육에 필요한 해답을 알려줍니다.

마지막 PART.3에는 중·고교 학생들과 선생님들로부터 최고의 진로·진학 매거진으로 손꼽히는 '진 로N'의 콘텐츠 '미디어 탐구활동 가이드'를 실었습니다. 최신뉴스를 활용한 세특 탐구 방법을 인문계열과 자연계열로 나누어 구체적으로 어드바이스해 줍니다. 학생들이 실제 탐구활동에 제대로 활용할 수 있도록, 기사와 활동에 관련된 고교 교과목과 대학 학과도 빼놓지 않고 알려 줍니다. PART.1에서 학생부 관리에 대한 밑그림을 그렸다면, PART.3에서 제시하는 다양한 탐구활동 예시를 통해 자신만의 탐구역량을 키워갈 수 있을 것입니다.

미래를 불안해하는 학생과 학부모 여러분, 이 책이 전하는 어드바이스를 믿고 목표를 설정해 실행해 보세요. 책 안의 멘토와 함께 최적의 경로를 찾아보세요. 잠시 길을 잃고 넘어져 있다면, 멘토들의 조언과 위로에 힘을 얻어 다시 도전하세요. 오디바이스의 멘토와 책으로 대화하며 흔들리는 멘탈을 바로잡아 보세요.

멘토의 어드바이스를 읽고 그 조언을 실제로 실행에 옮긴다면 여러분은 자신 안에 숨겨진 '최고치의 힘'을 발견할 수 있고, 자연스럽게 정상 등반의 가능성이 높아지는 것을 느끼게 될 것입니다. 여러분이 결국 정상에 올랐다면, 그 과정의 경험을 후배들에게 나누는 멋진 셰르파가 되기를 바랍니다. 그렇게 경험을 나누며 돕는다면 여러분은 더 크고 멋진 사람으로 변화하게 될 것입니다.

끝으로 이 책이 세상에 나올 수 있도록 수많은 학생들에게 유용한 멘토링을 해주신 오디바이스 멘토님들과, 자신의 경험에서 우러나온 공감을 바탕으로 중·고등학생 학부모님들께 꼭 필요한 정보를 제공해 주신 '평범엄마' 박원주 작가님, 책을 엮어주시고 학생부 세특 관리에 활용할 수 있도록 미디어 탐구활동 가이드를 제공해 주신 진로·진학 매거진 '진로N'에 깊은 감사의 마음을 전합니다.

독자 여러분이 내딛는 발걸음마다 행운이 가득하시길 기도합니다.

차 례

PART 2 '든든 서포터' 되는 학부모 멘토링

1장 학부모가 꼭 알아야 할 학업·입시 코칭법

PART 3   최신뉴스로 세특 정복!

명문대 선배의
대입 합격 멘토링

PART 1

멘토 | 오디바이스 대학생 멘토 그룹

합격대학 2계단 점프하는
학생부 관리법

01 진로를 못 정했는데, 학생부 관리 어떻게 하나요?

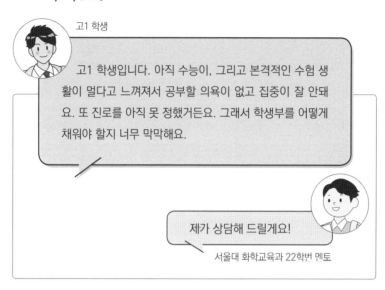

고1 학생

고1 학생입니다. 아직 수능이, 그리고 본격적인 수험 생활이 멀다고 느껴져서 공부할 의욕이 없고 집중이 잘 안돼요. 또 진로를 아직 못 정했거든요. 그래서 학생부를 어떻게 채워야 할지 너무 막막해요.

제가 상담해 드릴게요!

서울대 화학교육과 22학번 멘토

공부 의욕이 없고
진로도 못 정했을 때는 이렇게!

일반적으로 고1 때부터 공부할 의욕이 활활 불타는 학생은 많지 않을 거예요. 학생이 말한 것처럼 본격적으로 공부만 해야 할 고등학교 3학년까지는 아직 2년이나 남았으니까요.

저도 비슷한 생각을 한 적이 있어요. 고등학생이 딱 됐을 때는 의지가 불타올라서 고등학교에 와서 맨 처음 보는 시험은 어떻게든 잘 보고 싶었어요. 그래서 초기에 열심히 공부했더니 1학년 1학기 중간고사 결과가 매우 좋았습니다.

　이렇게 중간고사 결과가 좋게 나오다 보니 기말고사는 대충 쳐도 잘 나올 것이라는 위험한 생각과, 수능을 보려면 아직 2년 넘게 남았다는 생각이 들면서 공부가 너무 하기 싫어졌습니다. 고등학교 1학년 때가 딱 이런 시기인 것 같아요.

　이럴 때 어떻게 공부할 마음을 잡을 수 있을까요? 저는 우선 '내가 지금 공부를 안 하면 내 밑의 등수 아이들이 치고 올라오겠지?'라는 생각을 했어요. 자존심이 은근히 셌던 저는 저번 시험에 저보다 등수가 낮았던 친구가 다음 시험을 나보다 잘 봐서 등수가 뒤집히는 게 너무 자존심 상하고 저 스스로 용서가 안 됐습니다. 예를 들어, 제가 4등이었는데 5등이 되고, 5등이었던 친구가 4등이 되는 상황 말입니다. 그 사실이 너무 창피한 거예요. 그래서 최소한 이 등수는 유지하자는 마음가짐으로 공부를 꾸준히 할 수 있었답니다.

　이런 충격요법을 써도 도저히 공부할 마음이 들지 않을 수 있어요. 이럴 때 아예 공부를 뒤로하고 게임을 하거나 예능, 넷플릭스 같은 것을 보는 것보다는, 유튜브에서 가고 싶은 대학교에 다니는 대학생의 브이로그를 보거나, 고연전, 연고전 영상을 보면서 동기부여를 받는 방법을 사용해 보면 어떨까요?

　이렇게 대학생의 일상을 간접 체험하면 나도 빨리 좋은 대학에 가서 신나게 놀고 싶다는 열망이 생겨서, 그 열망을 원동력으로 해 수학 문제를 조금이라도 더 풀게 되더군요.

　그러다가 다시 공부하기 싫어지면 브이로그 하나를 더 보고, 자극을 받아서 수학 문제를 조금 더 풀었지요. 이런 식으로 힘든 시기에 마음을 다잡는 방법도 있습니다.

학생은 아직 진로를 정하지 못했으니, 인터넷에서 무슨 학과가 있는지 먼저 찾아보고, 관심 가는 학과를 찾아 그 학과 홈페이지에 들어가서 무슨 과목을 배우는지 살펴보는 것을 추천합니다. 학생이 생각하는 그 학과와 실제로 그 학과에 진학해서 배우는 것이 많이 다를 수도 있기 때문입니다.

진로 못 정했을 때의 학생부 관리법 💡

학생부에 대해 이야기를 해보자면, 진로가 확 바뀐다고 해서 크게 영향을 미치지 않습니다. 학생부종합전형이라고 해도 내신 성적이 제일 중요해요. 정성적인 부분보다는 정량적인 부분이 평가에 더 많은 영향을 미치기 때문이죠.

진로를 못 정했다고 공부를 안 할 것이 아니라, 공부를 열심히 하다 보면 진로가 정해질 거라고 생각해 보세요. 그래도 진로가 확실하지 않을 때 학생부 관리를 잘하는 방법은, 학생부에 포괄적이고 다양한 활동이 많이 기록되도록 하는 겁니다. 특히, 멘토링 활동이나 각 과목의 심화활동을 할 것을 권해 드립니다. 이런 활동을 다양하게 해두면 나중에 진로가 정해졌을 때 가져다 쓸 말이 많이 생기기 때문입니다.

또한 이런 활동을 한 후 학생부에 기록되게 할 때 가장 중점에 둘 사항이 있어요. 바로 '표현의 구체성'입니다.

"수Ⅰ 과목에서 멘토로 활동하며 이해를 못하는 멘티에게 문제를 풀어주면서 공부했다."라는 식으로 막연하게 학생부에 쓰여선 안 됩니다. "멘토로서 수Ⅱ 과목의 어떤 개념을 어떤 교수학습 방법을 사용해서 멘티에게 설명해 주었다."라는 식으로 구체적 표현으로 자세하게 기록되도록 하는 것이 바람직합니다.

진로를 찾아가는 과정이 학생부에 자세히 기록되도록 하는 것도 중요한 일입니다. 흥미가 느껴지거나 공부할 때 조금이라도 더 호기심이 생기는 과목을 먼저 찾아보세요. 그런 다음 그 과목과 관련된 다양한 진로들을 탐색하는 것을 추천합니다. 본인이 어디에 흥미가 있고, 이렇게 진로를 탐색하는 과정에서 어떤 활동을 했는지, 그리고 이를 통해 어떤 것을 배우고 느꼈는지 등이 학생부에 들어가면 정말 알찬 내용이 됩니다.

대학에서 학생을 평가하기 위해 학생부를 볼 때, 진로역량이 학생을 평가하는 중요한 요소인 것은 분명합니다. 하지만 진로역량 평가는 전공 관련 노력과 성취만을 대상으로 하지 않습니다. 진로 탐색 활동과 경험 역시 중요하게 봅니다. 학생처럼 진로를 정하지 못했더라도 다양한 탐색과 경험을 통해 진로를 찾아가려는 노력 역시 진로역량을 보여주는 활동이니까요.

현재 진로를 고민하는 학생들 중 대부분은 아직 구체적 전공만 정하지 못 했을 뿐이지 계열이라는 커다란 틀은 정해 놓은 경우가 많아요. 예를 들면 자연계열 중 화학에 집중해서 그쪽 방향으로 나가고 싶은지, 의료계열로 가고 싶은지, 혹은 공학계열로 가고 싶은지 말이죠. 이런 학생들은 세부적인 진로를 지금 당장 정해서 학생부에 기록되도록 하는 것이 어렵죠. 그럴 땐 조금 넓은 범위에서 관심사를 정해 그 부분에 지속적인 관심을 드러내고 관련 활동들을 얼마나 심도 있게 했는지를 학생부에 담아내면 좋습니다.

⑫ 학생부를 돋보이게 만드는 특별한 보고서가 있다고요?

특성화고 고3 학생

특성화고등학교 학생입니다. 3학년 1학기 기말고사를 마치고 학생부에 작성할 활동 내용에 대한 보고서를 마무리 짓고 있는데요. 보고서를 어떤 식으로 작성하면 좋을지 고민하고 있어요. 보고서를 작성하는 꿀팁이 있을까요?

그리고 학생부 세특 과목 중 몇 가지 항목이 비어 있는데, 짧은 시간에 해당 항목을 채울 만한 활동이 있을까요? 곧 수시 원서를 작성해야 하는데 어느 대학에 지원하면 좋을까요? 같은 특성화고등학교 출신인 멘토 선생님의 의견이 궁금해요.

제가 상담해 드릴게요!

성균관대 소프트웨어학과 23학번 멘토

3학년 1학기 수시의 막바지에 있는 학생이라면 쏟아지는 보고서 작성과 수시 카드에 대한 고민들이 많을 것입니다. 보고서를 작성하는 방법과 만약 학기 초에 활동을 하지 못해서 학생부가 비어 있다면 어떻게 대처해야 할지를 먼저 알려드리겠습니다.

'인트로'로 완벽 정리!
보고서 작성법 💡

보고서를 작성할 때 나열식으로 작성하면 학생의 진짜 실력을 알기 어렵습니다. 깊이 있는 탐구를 한 학생이라면 보고서 속에 그 활동을 왜 했고 어떻게 했는지, 그 과정이 자세히 드러나고 맥락이 읽힙니다. 아래 두 예시를 비교해 봅시다.

> 노이즈 캔슬링 프로젝트를 수행하며 FFT(고속 푸리에 변환), 신호 처리 기술, 주파수 영역에서의 필터링 등을 공부하고 코드로 작성해 시연함.

> 노이즈 캔슬링 프로젝트를 수행하며 FFT(고속 푸리에 변환), 신호 처리 기술, 주파수 영역에서의 필터링 등을 공부함. 그중 특히 고속 푸리에 변환을 활용한 주파수 영역에서의 신호 압축 방법에 관심을 가져 (중략). 또한 이를 코드로 작성하며 기존 노이즈 캔슬링과 (중략) 부분에서 차이점을 주었으며 (중략)한 특장점을 가진다고 설명함.

차이를 한눈에 보기 위해서 단순 나열식 세특과 나열 후 부연 설명이 상세하게 들어간 세특 사례를 들어보았습니다. 확실히 아래 활동을 한 학생이 문제를 깊게 고민하고 파고들며 해결하는 과정에서 느낀 점이 많아 보입니다.

여기서 한 가지 중요한 팁이 있습니다. 보고서의 맨 위에다 세특처럼 500자로 활동 내용을 요약해서 제출하는 겁니다.

아무리 밑줄을 긋고 굵게 강조를 해도 내가 원하는 내용이 세특에 생략되는 경우가 있습니다. 아무래도 보고서가 두 페이지, 세 페이지 늘어나다 보면 선생님이 생각하는 포인트와 내가 생각하는 포인트가 다를 수 있겠죠. 이런 간극을 줄이고 소통하기 위한 방법으로 500자 정리를 활용해 봅시다. 내가 생각하는 포인트를 간결하게 정리할 수 있고, 선생님께도 정확하게 전달할 수 있습니다.

짧은 기간에
'고퀄리티 세특' 작성하는 법 💡

짧은 기간에 만들어진 활동이 적힌 세특은 긴 기간 공들인 세특에 비해 활동 내용의 양과 질에서 확연히 차이가 납니다. 저는 학생들을 멘토링할 때 '아이디어는 오랜 기간 눈덩이 굴리듯이 굴려야 한다.'라고 강조합니다. 하지만 이 학생은 수시 막바지에 몇 개의 칸을 채워야 하는 긴급상황이기 때문에, 그에 맞는 특별한 조언을 주려고 합니다.

학생이 주도적으로 한 활동이 아예 없는 것이 아니어서 정말 다행이었습니다. 학생의 학생부는 세 가지 프로젝트를 하나의 전공 세특에 작성한 상태였습니다.

제가 제안하는 방법은 다음과 같습니다. 프로젝트에서 수행한 활동을 타임라인으로 쭉 그려보고, 가장 중요한 부분을 단계를 나눠서 비어 있는 세특에 넣어보는 것입니다.

앞서 보고서 작성법에서도 이야기했지만, 최근 학생부는 단순 나열식이 아닌 학생의 상세한 활동 내용을 요구합니다. 아무리 많은 활동을 했어도 학생부에서 그 활동에 대한 깊이와 관심이 드러나지 않으면 의미가 없습니다.

만약 많은 활동 내용을 하나의 세특에 담기 위해 500자에 구겨 넣는다면 단순 나열식 세특이 나올 위험이 큽니다. 이런 경우 차라리 활동을 나눠서 파트별로 활동 내용을 따로 작성하는 것이 좋습니다.

학생의 활동 중 가장 눈에 띄는 내용은 '방 안 노이즈 캔슬링 프로젝트'였습니다. 해당 프로젝트에서 FFT(고속 푸리에 변환)를 공부했고 노이즈 캔슬링을 위한 프로그램을 작성했습니다.

이를 이용해서 FFT에 대한 내용은 수학 교과목에 넣어 해당 개념에 대해 이해한 만큼 학생부에 기록되도록 해 보세요. 노이즈 캔슬링 또한 코드를 설계하며 어려웠던 점 및 깨달은 점을 과학 교과목 세특에 상세하게 적는다면 학생부종합전형에서 좋은 평가를 받을 수 있습니다.

'특성화고' 학생의
수시 카드 선택 꿀팁

학생은 특성화고등학교라는 특수한 배경과 제한된 정보를 갖고 수시 카드를 어느 대학에 사용해야 할지 고민하고 있습니다. 같은 특성화고등학교 출신으로서, 제 입시 경험을 바탕으로 학생에게 꼭 필요한 정보를 알려드리겠습니다.

학생은 소프트웨어학과를 희망했지만, 지금까지 위에서 언급한 액티브 노이즈 캔슬링 및 신호처리와 관련된 활동들을 미루어 보아 전기전자공학과도 지원해 볼 것을 권합니다. 전기전자공학과는 논리회로, 반도체와 같은 결의 수업들이 열리고 소프트웨어학과는 운영체제, 네트워크와 같은 수업들이 열립니다. 또한 성균관대학교 기준으로 전기전자공학부에 진학해 소프트웨어학과나 글로벌융합학부로 복수전공을 하는 루트도 있습니다.

이 학생에게는 2024학년도 기준 성균관대, 서강대, 서울시립대, 건국대, 국민대에 수시 원서를 넣는 것을 추천했습니다. 그리고 특성화고 전형 중에서도 기회균형전형에 특성화고 학생이 포함돼 있는 전형과, 특성화고 학생들만 뽑는 전형을 분리해 설명했습니다.

성균관대의 경우 특성화고특별전형에서 오직 '특성화고 학생들만 지원할 수 있다.'고 명시돼 있습니다. 반대로 한양대는 특성화고와 농어촌 등 여러 전형을 한 번에 뽑습니다. 국영수탐 과목이 적은 특성화고 학생들은 국영수탐을 많이 보는 전형에서 불리하기 때문에, 특성화고 학생들끼리 경쟁을 하는 전형이 좀 더 유리하다는 것도 꼭 알아야 할 팁입니다.

03 진로와 무관한 어문계열 지망 시, 학생부를 어떻게 준비할까요?

예비 고2 학생

예비 고2 학생인데요. 원래 꿈은 판사였지만 대입 수시 전형을 준비하면서 영어영문학과를 지망하게 됐어요. 그러나 저는 판사가 되고 싶은 꿈을 포기하고 싶지 않아요. 유튜브에서 본 판사의 모습을 잊을 수 없어서, 힘들 때마다 그 영상을 다시 보고 있어요.

과목 중 그나마 잘하는 게 영어라 영어영문학과를 지원하고자 하는데, 이 학과 관련 활동을 제 진로와 연결해서 학생부에 쓸 수 있을까요? 희망하는 학과와 저를 어떻게 연결해야 대입에 유리한 학생부를 만들 수 있을까요?

제가 상담해 드릴게요!

서울대 영어영문학과 22학번 멘토

학생은 영어영문학과와 직접적으로 연결되지는 않는 진로를 희망하고 있습니다. 어렸을 때부터 판사를 꿈꿔 온만큼 고등학교 1학년 학생부도 법학과와 관련된 내용으로 채웠는데, 고2가 돼 영어영문학과를 지원하려고 하니 영어영문학과에 진학해 탐구하고 싶은 내용을 생각해 본적도 없고 이 학과와 자신의 진로를 연결하기도 힘들어서 고민하고 있습니다.

학생처럼 수시를 준비하는 많은 학생들이 현실적인 이유로 희망하는 학과를 갑작스럽게 바꿔야 할 때 당황하곤 합니다. 자신의 진로와 완전히 동떨어진 것처럼 보이는 학과를 준비해야 할 경우 이러한 걱정은 배가되지요.

이전에는 학생부에 자신이 학교 수업과는 별개로 진행한 탐구를 기록할 기회가 더 많았기 때문에, 자신이 희망하는 학과를 바꾼 이유가 자연스럽게 드러나도록 할 수 있었어요. 그러나 몇 년 전부터는 대입 자소서와 함께 학생부의 독서, 봉사 관련 기재 항목이 없어지면서, 자기 자신을 설명할 수 있는 대목이 교과 시간에 한 수행평가 정도로 급격하게 감소했습니다.

그렇다면 진로를 한번 정했다고 해서, 나중에 희망 학과를 바꿔선 안 되는 걸까요? 꼭 그렇지는 않다고 생각해요. 이와 같은 고민은 학과와 진로를 연결해야 한다는 착각에서 비롯된 것입니다.

대학은 우리 학과에서 열정적으로 탐구할 학생을 원하지, 졸업 후 특정 직업을 가질 학생을 찾지는 않아요. 다시 말해, 수시 학생부를 준비하는 데 있어 가장 중요한 열쇠는 나를 학과와 연결할 고리를 찾는 것이에요. 내가 진로나 학과를 쫓아다니는 것은 주객전도입니다. "이 학과에서 좋아하는 활동은 무엇일까?", "학생부를 이 진로 쪽으로 꾸며 쓰면 학과가 좋아할까?"라는 질문 대신에, 자신의 진로를 학과와 관련지을 때, 반드시 먼저 던져야 할 질문들이 따로 있어요.

자신에게 던져야 할
3가지 핵심 질문 💡

첫째, 나는 판사가 돼서 무엇을 하고 싶은가?

'판사'라는 단순한 직업명만으로는 결코 특별한 나를 충분히 설명하지 못해요. 판사를 희망하는 학생은 많으니까요. 그렇다면 나는 어떤 판사가 되고 싶은지, 판사로서의 내가 왜 필요한지 생각해 봅시다. 나는 왜 하필 변호사도, 검사도 아닌 판사가 되고 싶은 걸까요? 판사가 된 나는 무엇을 목표하고 있을까요?

이 질문에 학생은 "억울한 사람들의 이야기가 묵살되지 않도록 먼저 듣는 판사가 되고 싶다."고 말했어요. 그냥 "판사가 되고 싶다."는 것보다 훨씬 자세하고 특색 있는 답변입니다.

둘째, 그런 판사가 되기 위해 필요한 자질은 무엇일까?

이 질문은 앞으로 자신의 특색을 담아낼 수행평가 등을 결정하기 위해 꼭 필요한 질문입니다. 판사가 되고 싶은 고등학생이라면 정치와 법 과목을 열심히 공부하고, 모의재판에 참여하겠죠. 그러나 이런 활동은 누구나 할 수 있어요.

'억울한 사람들의 이야기가 묵살되지 않도록 먼저 듣는' 판사가 되고 싶은 학생이라면 무엇을 할 수 있을까요? 우선 왜 어떤 사람들의 목소리는 지워지곤 하는지 알아보기 위해 사회적 소수자가 받는 차별과 그로 인해 발생한 판례를 공부하고, 이를 막기 위해 어떤 노력이 있었고 필요한지를 알려주는 책을 찾아 읽을 수 있죠.

이를 통해 한 사건을 넓게 바라보는 시야와 기계적 평등을 주의하는 태도가 판사에게 중요함을 깨닫고, 이를 위해서는 어떻게 해야 할지 추가로 고민할 수 있을 거예요.

예를 들어, 학급 회의에서도 소수의 의견이 무시되지 않도록 신경 쓰면서 나 자신이 어떤 사람인지 일관된 설명을 찾을 수 있을 거예요. 이렇게 꼬리를 무는 탐구와 깨달음을 일상생활에 적용하는 실천이 바로 '자기주도적 탐구 학습'이라고 할 수 있습니다. 이런 자기주도적 탐구 학습은 자신이 어떤 학생인지, 그리고 무엇을 탐구해왔는지를 여실히 보여주는 특색 있는 학생부 만들기의 지름길이죠.

셋째, 판사가 되기 위해 영어영문학과에서 얻을 수 있는 통찰은 무엇일까?

영어영문학과를 가고 싶다는 학생들에게 그 이유를 물어보면 대부분의 학생들이 자신이 영어를 좋아하고 잘하기 때문이라고 답하더군요. 다른 학과에서 영어영문학과로 지망을 바꾸게 된 학생들에게 이유를 물어봐도 영어에 그나마 자신 있고, 등급 컷도 낮기 때문이라고 말하죠. 두 답변의 가장 큰 문제점은 어디에서도 자신이 누구이고 무엇을 탐구하고 싶은지가 드러나지 않는다는 점이에요.

영어영문학과에 가고 싶은 이유에 대한 생각을 여기서 멈춰 버리면 학생부에서도 자기 자신을 그만큼 피상적으로밖에 담아 내지 못해요. 위에서 열심히 쌓아 온 판사로서의 나 또한 전혀 연결되지 않을 거예요. 하고 싶은 말은 많은데 정작 학생부에는 '영어를 열심히 공부하고 친구들에게 가르쳐 주었으며 영어책을 읽었다.' 정도로만 적혀 있다면 학생부에 자신의 특색이나 구체적 관심사를 드러낼 수 없어요.

학과를 진로와 연결하는 방법 💡

우선 학과에서 지향하는 바와 내 가치관이 맞닿는 부분을 찾아봅시다. 흔히 영어영문학과에서는 영어만 가르친다고 생각하는 사람이 많은데, 사실은 그렇지 않아요. 영어영문학과는 문학 작품이 한 시대와 그 시대를 살아간 사람들을 어떻게 담아내는지, 어떠한 한계가 있고 현시대를 살아가는 우리는 이를 어떻게 읽어내면 좋을지를 배우는 곳이에요. 또한 영미문화권 여러 나라의 영어는 어떻게 다른지, 다양한 영어를 어떻게 받아들여야 하는지를 고민하는 곳이죠.

이 중에서 특히 '시대를 살아간 사람들을 어떻게 담아내는지'라는 말에 주목해 주세요. 문학 작품 속에서 억울한 일을 겪은 사람은 없는지, 묵살당하거나 제대로 재현되지 못한 사건은 없는지를 살펴보세요. 서사 속에 등장한 존재와, 그 존재를 서술하는 작가를 살펴보며 다양한 권력이 어떻게 충돌하고 권리가 어떤 식으로 외면당하는지를 탐구할 수 있을 거예요.

문학 작품을 통해 이러한 부당함을 인식할 줄 알게 된 판사는 현실에서도 문제 상황을 빠르게 파악하고 결단을 내려 사회적으로 목소리를 낼 수 있을 것입니다. 사건으로서, 작은 사회로서 문학 작품을 읽다 보면 자연스럽게 영어영문학과에서 더욱 많이 배우고 싶어하는 판사로서의 나를 찾을 수 있을 거예요. 바로 이것이 영어영문학과에서 원하는 나만의 열정적인 면모입니다.

요약하면, 학생은 억울한 사람의 이야기가 묵살되지 않도록 먼저 들어주고 귀 기울여 주는 판사가 되고 싶은데, 그러기 위해서 영어영문학과에서 영미문학 작품을 통해 한 시대를 살아간 사람들의 서사와 다양한 인간관계와 권력의 충돌 및 갈등을 탐구하고 싶다고 풀어 나가면 좋겠네요.

영어영문학과에 진학해 문학 작품을 하나의 사회로서, 혹은 사건으로서 읽다 보면 자연스럽게 인간의 본성과 사회와의 관계, 갈등 구조 등에 대해 더 많이 배울 수 있고, 이러한 탐구를 통해 현실에서도 문제 상황을 정확하게 파악하고 판결할 수 있는 판사로서의 자질을 기를 수 있다고 연결하면 좋을 듯합니다.

진로와 학과가 정확히 일치하지 않는다 하더라도 둘을 자연스럽게 연관 지어서 어필할 수 있다면 괜찮다고 생각합니다. 자신이 무엇에 관심이 있고 무엇을 하고 싶은지에 대해 구체적이고 특색 있게 드러내고, 목표를 이루기 위해 노력한 과정을 보여 주세요. 자신의 진로를 위해 필요한 자질은 ○○○인데, 이 학과에서 이러한 자질을 연마하고 싶다는 식으로 논리를 전개하기를 제안해 드립니다.

04 상위권 공대, 일반고에서 합격하려면?

일반고 고1 학생

경기도에 있는 일반고 1학년 학생입니다. 고등학교에서 경험한 첫 시험에서 과목별로 심한 성적 차이를 경험하게 됐어요. 어떤 과목은 전교권에서도 우수한 성적을 차지했지만 어떤 과목에서는 만족할 수 없는 성적을 받았어요.

그중에서도 수학 성적이 가장 문제예요. 컴퓨터공학과에 진학하기 위해서는 수학이 매우 중요하다는 말을 들은 적이 있어서 걱정이 됩니다. 내신 성적을 어떻게 관리하고 공부를 어떻게 해야 할까요?

그리고 학생부종합전형을 위해 학생부에 넣으면 좋을 학교활동은 어떤 것이 있는지도 궁금해요. 일반고에서 컴퓨터공학과에 가기 위해서는 어떻게 준비하면 좋을까요?

제가 상담해 드릴게요!

서강대 컴퓨터공학과 23학번 멘토

학생부 퀄리티
스스로 높여가기 💡

보통 일반고에서 학생부만으로 명문대에 합격하는 것은 상당히 어려운 일입니다. 그런 경우가 아예 없지는 않지만, 일반고는 특목고나 국제

고 등에 비해 학생부 관리에서 불리한 점이 있지요.

일반고에서는 학생부의 퀄리티를 온전히 스스로 책임지고 내용을 만들어 나가야 합니다. 전공에 적합한지, 어느 정도의 열정을 가지고 노력 중인지 등을 고작 몇 페이지의 종이에 녹여내야 합니다. 그러니 전공과 관련된 양질의 탐구 내용을 가능한 한 많이 적어 나가야 합니다.

일반고는 특목고에 비해 학교 프로그램이나 활동이 풍성하지는 않지만, 내신 성적을 비교적 유리하게 받을 수 있다는 장점이 있지요. 게다가 일반고에서는 내신 성적 자체도 하나의 스펙으로 만들 수 있기 때문에, 내신을 잘 챙기는 것이 무엇보다 중요합니다.

학생이 가장 걱정하는 과목인 수학은 컴퓨터공학과에서 확실히 중요한 과목입니다. 일부 대학의 경우에는 전형에 따라 수학 성적의 반영 비중이 높은 곳도 존재하니까요. 그것이 아니더라도 고교 수학은 컴퓨터공학과에 들어갔을 때 배우는 수학 과목의 베이스가 됩니다. 수학은 고등학교 공부에서도 중요하지만 대학에 와서도 대단히 중요해요.

수학은 기초가 튼튼해야 하는데 기초가 부족하면 성적을 올리기가 어렵겠죠. 자연계열 커리큘럼을 선택하는 경우, 학년이 올라갈수록 수학에서 배워야 하는 부분이 굉장히 많아지고 어려워집니다. 그래서 수학 공부를 따라가지 못해 성적이 뚝뚝 떨어지는 대학생들이 많아요.

낮은 수학 성적 올리려면
암기부터 시작! 💡

고교 내신 성적 자체로 보면 수학 과목뿐만 아니라 모든 과목이 중요합니다. 다만 수학이 특히 더 중요한 이유는 추후 대학 공부를 위해 수학 과목의 베이스를 다지는 것이 꼭 필요하기 때문입니다.

우선 급한 문제인 당장의 내신 성적을 위해서 잘 나오는 과목은 유지 정도만을 노리고, 성적이 낮은 과목을 중점적으로 공부하는 것이 좋습니다. 고등학교 내신 과목과 내신 시험 출제 경향으로 보았을 때 암기가 굉장히 중요합니다. 원리에 대한 이해에 자신이 없다면 무작정 외우기라도 해보세요. 문제를 풀면서 원리를 적용해 보면, 이해 안 됐던 원리나 개념을 터득할 수도 있을 거예요.

수학도 마찬가지입니다. 문제의 유형을 외우고 풀이 방법을 외우다 보면, 어느 순간부터 수학 문제를 막힘없이 풀고 있는 자신의 모습을 발견할 수 있을 겁니다. 그러니, 수학 원리나 개념이 잘 이해가 안 될 때는 포기하지 말고 일단 암기라도 하면서 문제 풀이를 여러 번 해보세요.

학생은 아직 고등학교 1학년이기 때문에 앞으로 내신 성적을 만회할 기회가 많이 남아 있습니다. 그러니 내신 성적을 아예 포기하고 다른 곳에 전념할 상황은 아닙니다. 암기를 시도해 보거나, 아니면 본인만의 새로운 공부법을 만들어 내신에 조금만 더 노력을 기울인다면 내신 성적을 올릴 수 있을 것입니다.

수행평가 대비는
필수! 🔦

　내신의 최종 성적은 시험만으로 결정되는 것은 아니죠. '수행평가'라는 항목도 성적을 결정하는 데 큰 영향을 줍니다. 보통의 고등학교 수행평가에서는 보고서 형태로 결과물을 제출합니다. 이 보고서에 열정을 쏟고 좋은 주제와 내용을 담는다면 내신 시험에서 혹여 점수가 좋지 않더라도 최종 학기 성적은 그리 나쁘지 않을 것입니다.

　수행평가를 무시하지 않고 이를 잘 챙기기만 해도 내신 성적 향상에 큰 도움이 될 수 있습니다. 물론 학기 중에 내신 시험공부와 수행평가 준비를 병행하는 것은 힘들지만 수시를 생각한다면 포기해서는 안 됩니다.

　학생부에는 희망 전공 분야, 즉 컴퓨터공학과 관련된 활동이 많이 적혀 있는 것이 좋습니다. 요즘 대부분의 고등학교에서는 프로그래밍과 관련된 동아리가 있습니다. 어떤 경우에는 과목으로 수강할 수도 있지요. IT 시대에 맞춰진 고등학교의 프로그램들을 잘 활용한다면 컴퓨터공학에 관심과 흥미를 가지고 있음을 학생부에 명확히 드러내 보일 수 있습니다.

　학생부를 채울 활동의 양이 많은 것도 중요하지만 해당 분야를 깊이 있게 탐구하는 것도 대단히 중요합니다. 탐구 보고서가 이 깊이를 드러내기 좋은 활동입니다.

　저의 경우에는 1학년 때에는 빅데이터의 전반적인 내용을 다룬 보고서를 썼고, 2학년 때에는 빅데이터를 다루는 인공지능에 대한 보고서를 작성했어요. 그리고 3학년 때에는 빅데이터와 머신러닝의 관계에 대한 보고서를 제출했습니다.

　이와 같이 컴퓨터 공학과에서 다루는 많은 연구 분야 중에서 한두 개 정도를 선정하고, 학년이 올라갈수록 정보에 대해 더 깊이 탐구해 가는 모습을 학생부에서 보여주세요. 전공에 대한 열정과 노력을 더욱 잘 드러낼 수 있을 것입니다.

05 일반고 예비 고2, 사범대 목표로 종합전형 준비하려면?

예비 고2 학생

> 일반고에 재학 중인 예비 고2예요. 역사를 가르치는 선생님이 되고 싶어서 역사교육과에 진학하고자 합니다. 이제 곧 2학년이 되는데 학생부 관련해서 어떤 활동을 해야 할지 갈피를 못 잡고 있어요.
>
> 아직 진학할 학과와 관련된 활동을 많이 하지 못했고 내신 등급도 그리 높지 않은데, 학생부종합전형을 통해서 서울에 있는 역사교육과에 진학할 수 있을까요? 내신 성적을 올리고 싶은데 앞으로 공부를 어떻게 해야 하는지 궁금합니다.

제가 상담해 드릴게요!

건국대 사학과 22학번 멘토

고등학교 1학년이라는 시기에는 자신의 진로를 정하고 진로를 향해 달려가는 것이 쉬운 일은 아니라고 생각합니다. 하지만 고2 때는 사정이 많이 달라지죠. 이제는 진로에 맞춰 본격적인 활동을 해서 학생부를 집중적으로 관리해야 할 시기가 온 것이죠. 고등학교 1학년 시기는 지나갔기 때문에, 이제는 좀 더 현실적인 전략이 필요하다는 생각이 듭니다.

학생부종합전형에서 학생부의 양적, 질적 차이는 언제부터 준비했느냐에 따라서 달라집니다. 하지만 2학년 때부터 준비한다고 해서 늦은 것은 아닙니다. 다만 어떻게 준비하느냐에 따라서 그 격차를 극복할 수 있는지 아닌지 알 수 있다고 생각합니다. 너무 조급해하지 말고 정확한 목표 설정과 학생부종합전형에 대한 이해가 필요해 보입니다.

일반고 입시
준비 방법 💡

자신이 어떤 전형을 준비하는지 이해하고 있어야 합니다. 입시 전형은 크게 수시, 정시로 나뉘지만 수시전형에서는 교과·종합·논술 등 다양한 전형이 존재합니다. 또한 시기별로 전형의 비중이나 전형의 특징도 조금씩 달라지기 때문에, 자신이 입학할 때 어떤 전형에서 많이 뽑는지, 자신에게 어떤 전형이 유리할지 분석할 필요가 있습니다.

학생은 학생부종합전형을 희망하고 있는데요. 학생부종합전형은 말 그대로 학교에서 중간고사나 기말고사로 평가해 점수를 내는 내신뿐만 아니라, 학교 활동과 생활 전면을 평가하겠다는 것을 의미합니다. 말 그대로 종합전형이기에 종합형 인재이면 좋겠지요.

하지만 학생부종합전형에서도 가장 중요한 것은 학교 내신 성적입니다. 내신 성적이 너무 낮으면 아무리 좋은 활동을 했다고 해도 입시 결과가 좋다고 보장할 수 없습니다. 내신 성적이 높으면 학생부종합전형뿐만 아니라 학생부교과전형을 통해서도 안정적인 입시를 치를 수 있어요. 따라서 이제부터라도 내신 성적에 대해서 각별히 신경을 써야 합니다. 2학년 때부터 성적을 많이 끌어올려야 입시에서 기회가 열립니다.

내신 성적을 올린다는 조건이 충족되면 그다음으로 중요한 것은 학교 활동인데요. 학교 활동을 어떻게 해야 수시 종합전형에서 우위를 차지할 수 있을까요? 학교 활동을 할 때 반드시 고려해야 할 점은 '자신이 하는 활동이 본인이 가고자 하는 대학과 학과에서 필요로 하는 역량과 관련돼 있는가?'입니다.

예를 들면, 사학과에서는 여러 가지 사료를 취합하고 비판적으로 분석하는 역량이 필요합니다. 그 외에도 사료를 해석할 때는 언어 능력과 상상력이, 현장 답사 활동에서는 논리력과 집중력 등이 필요합니다. 그래서 내가 가고자 하는 대학과 학과의 커리큘럼, 학과 소개, 학풍 등 관련 정보를 수집하는 것이 중요합니다. 진학을 희망하는 대학 학과에서 요구하는 전공 역량이 무엇인지를 파악하고, 이를 학교 활동에서 적극적으로 펼쳐 보인다면 수시 종합전형 서류 심사에서 좋은 점수를 받을 수 있을 것입니다.

종합전형 대비 위해 꼭 필요한 활동 💡

수시 종합전형을 위해 어떤 학교 활동을 하느냐는 소속 고교의 프로그램에 영향을 많이 받을 수 있습니다. 학교마다 차이가 나는 것은 사실이지만, 그렇다고 고교마다 완전히 다른 프로그램이 운영되는 것은 아닙니다. 따라서 그 안에서 최대한 자신을 돋보이게 할 수 있는 활동을 찾아 해야 합니다.

종합전형에서 평가하는 다양한 항목들을 파악하고, 각 항목에서 우수성을 보여 줄 수 있는 학교 활동을 준비해야 합니다. 종합전형에서는 학업역량, 진로역량, 공동체역량 등이 대표적인 평가 항목입니다.

그 외에도 종합전형 평가에서 중요한 것이 학교생활에서의 높은 성실성입니다. 이러한 성실성을 보여 주기 위해서, 학교에서 참여할 수 있는 활동은 한 번씩 다 참여해 보는 것이 좋습니다.

물론 학교 공부에 지장이 가지 않는 선에서 학교 활동에 참여해야 합니다. 학교 활동보다는 내신 관리가 우선이기 때문이죠. 활동을 아무리 많이 하고 활동 내용이 우수하더라도 학업역량, 즉 어느 정도의 내신 성석은 갖춰야 합격이 가능하다는 점을 잊어서는 안 됩니다.

동아리 활동, 진로 활동 등 다양한 활동이 있지만, 무엇보다 중요한 것은 학교 수업에서 위의 평가 항목 세 가지의 역량을 드러내는 것입니다. 역사교육과를 지망한다고 역사 관련 수업에서만 전공 역량을 보여 줄 것이 아니라, 국어, 수학, 과학, 영어 등 다른 과목에서도 자신의 우수성과 성실성을 보여주길 바랍니다. 역사라는 과목 특성상 어떤 과목이든지 역사와 연관이 있기에, 각 과목과 역사와의 연관성을 찾아 수행평가나 발표 시간에 자신만의 특별한 시각으로 자신의 관심 분야를 드러내길 바랍니다.

그런데 관심 분야만 드러내는 것만으로는 부족해요. '관심 있는 분야를 단순히 공부했다.'가 아니라, '이러이러한 부분을 탐구해 자신이 무엇을 깨닫고 어떻게 변화했으며 어떤 의미가 있었다.'는 식의 흐름으로 학생부를 만들어 나가는 것이 좋습니다. 그러한 활동을 왜 했냐는 질문이 나오기 전에 말이죠.

항상 어떤 활동을 했다면 그것을 왜 했는지, 그것이 자신에게 어떤 의미가 있고 다음에는 어떠한 부분을 탐구할 것이라는 생각을 하고 있어야 합니다. 이는 향후에 면접에서도 중요한 요소라고 생각합니다. 활동은 구체적이면서도 깊이 있게 파고드는 것이 좋고, 활동의 일관성을 가지는 것도 필요합니다. 어떤 활동을 할 때 간단하게나마 활동의 동기와 과정, 결과, 깨달은 점, 보완점 등을 기록해 놓고, 이를 앞으로 어떻게 활용할지 고민하는 시간을 가졌으면 좋겠습니다. 한발 더 나아가 이를 보고서로 작성해 제출한다면 금상첨화겠지요.

저는 비교과 활동에서 가장 중요한 평가 항목이 진로역량이라고 생각합니다. 역사교육과의 예를 들자면 역사학과 교육학에서 요구하는 역량을 갖춰 나가는 것이 좋겠죠. 진로역량을 어필하기에 좋은 활동이 바로 동아리 활동인데요. 역사나 교육 관련 동아리가 학교에 없다면 자기가 스스로 동아리를 만드는 것이 좋습니다.

그럴 여건이 되지 못하면, 역사학이나 교육학을 공부하면서 도움이 되는 동아리에 들어가거나 만들어서 활동하는 적극성을 보이는 것도 좋습니다. 동아리 활동도 단순히 활동했다는 식으로 결론이 나면 안 되고, 동아리에서 자율적으로 관심 분야를 탐구하고 의미를 발굴해 나가야 할 것입니다.

어떤 탐구를 해야 할지 구체적으로 알고 싶다면 역사나 교육 관련 책을 읽어 보는 걸 추천합니다. 군이 많은 책을 읽을 필요는 없고, 특정 분야와 관련된 부분에 관심을 가지는 것이 좋습니다. 예를 들어 조선시대 왕의 삶에 관해 관심이 있다면 왕의 궁중 생활에 대해서 파고드는 것처럼 말이죠. 그리고 강연이나 다큐, 직접적인 체험 활동을 경험하고 보고서를 쓰는 활동을 하는 것도 좋습니다.

내신 올리는
똑똑한 공부법

내신 성적을 올려야 한다는 생각에 공부 강박도 있으리라 생각이 듭니다. 공부에 왕도는 없다고 생각하지만, 저의 경우에는 소리 내서 교과서나 문제집을 읽어 보는 것이 도움이 됐습니다. 그리고 수업 시간에 선생님의 말씀을 전부 다 필기하면서 정리했습니다. 내신 시험인만큼 선생님이 하시는 말씀에 유의해 수업을 듣는 것이 중요합니다.

그리고 남에게 가르친다고 생각하면서 일종의 수업 시연도 해보았습니다. 남에게 무엇을 가르칠 수 있다는 것은 그만큼 많이 복습하고 반복해서 내용을 숙지하고 있다는 뜻이니까요.

현실적으로 내신 등급을 올리고자 한다면, 내가 잘하는 과목이 무엇이고 못하는 과목이 무엇인지 파악해야 합니다. 평소에 잘하는 과목이라면 더욱더 시간을 투자하고, 못하는 과목이라면 적절히 시간을 투자해 등급을 올리는 방법도 있습니다.

06 일반고 사회대 지망생, 세특 관리 어떻게 하죠?

예비 고2 학생

지방 일반고에 다니는 예비 고2 여학생입니다. 광고홍보학과를 목표로 학교생활을 이어 나가고 있어요. 과목별 세특을 어떻게 작성해야 할지 고민입니다. 1학년 때 특정 사회 이슈 몇 가지(ESG, 그린워싱 등)를 키워드로 세특을 작성했는데, 해당 이슈가 진로와 직접적으로 관계없는 것이라 걱정이에요. 2학년 때는 어떤 방향으로 세특을 발전시키고 학생부를 채워야 할까요? 진로 분야에 맞는 새로운 주제를 만들어야 할까요? 아니면 지금 있는 것을 발전시키는 것이 좋을까요?

제가 상담해 드릴게요!

중앙대 광고홍보학과 21학번 멘토

학생에게 우선 칭찬을 해드리고 싶어요. 1학년이 끝난 직후부터 '올해는 이런 활동이 아쉬웠으니 보완하고 싶어.'라든가 '내년에는 이런 활동을 해서 내 학생부를 발전시켜야지.'라고 생각하는 학생들이 사실 일반고에는 많지 않거든요. 더 잘하고 싶다는 열의를 가지고 있다는 것 자체가 너무나 큰 경쟁력이라고 생각합니다.

세특 관리에 필요한
2가지 관점 💡

　세특은 두 가지 관점에서 봐야 합니다. 첫 번째는 당연히 진로와의 연관성이고요. 두 번째는 관심 분야를 얼마나 깊게, 혹은 다방면에서 바라보았는가에 대한 것이에요. 일반고에 다니는 상황에서 관심 분야를 깊게 탐구하기에는 한계가 있기 때문에 다방면에서 바라보기를 목표로 하는 것을 추천합니다.

　관심 분야와 진로 이 두 가지가 일치하면 더할 나위 없이 좋겠지만, 그렇지 않은 경우가 대부분입니다. 짧게 말해, 영화를 좋아한다고 해서 모두가 영화 산업 종사자가 되고 싶어 하는 것이 아니고, 정치에 관심이 있다고 해서 모두가 정치가가 되고 싶어 하지는 않으니까요.

　사실 고등학교 1~2학년 때 진로와 관심 분야 둘 중 하나라도 제대로 정해져 있으면 다행이에요. 제가 멘토링을 하면서 이 두 가지 모두를 잡을 수는 없다고 생각하는 학생들을 많이 봐왔어요. 하지만 저는 비슷한 질문들에 언제나 "둘 다 할 수 있다."고 말씀드리고 있습니다.

　왜 관심 분야와 진로 둘 다를 잡을 수 없다고 생각하고, 둘 중 하나만 선택하려고 하는 걸까요? 원인은 관심 분야 전체를 진로와 연관 지으려고 하기 때문입니다. 학생의 경우는 ESG와 그린워싱을 관심 분야로, 광고홍보를 진로 분야로 정해 학생부를 만들어 가고 있어요. 'ESG와 그린워싱'이라는 관심사 전체를 광고홍보로 연결하려고 하니 어렵게 느껴지는 것이죠. 이를 해결하기 위해서는 관심사 내에서 진로 분야를 찾는 것이 도움이 됩니다.

올해 활동 보완하는
내년 세특 대비 방법 💡

학생의 관심사는 유지하되, 관심사를 분해해 그 속에서 나의 진로 분야를 찾아보세요. 예를 들어, ESG라는 관심사 속에서 광고홍보 분야를 찾는 것을 생각해 보겠습니다. ESG 활동에는 '지역 사회 주민과 함께하는 프로젝트'가 포함될 수 있겠죠? ESG를 위해 지역 사회 주민에게 프로젝트를 어떻게 알렸는가에 대한 사례를 찾아보는 활동을 진행할 수 있을 것입니다.

마케팅 수단의 하나로 활용되고 있는 팝업스토어와 그린워싱 문제를 연결 지어 기업의 책임을 생각해 보고, 그것을 대체할 마케팅 수단을 찾아보는 활동도 할 수 있겠네요. 관심사에 대해 소개하는 카드뉴스나 영상을 제작하는 것 역시, 단순하기는 하지만 곁들여서 할 수 있는 활동입니다.

이런 식으로 관심사를 기초로 그 안에서 진로 분야를 찾는 활동을 해 보세요. 이미 1학년 때 관심사에 대한 조사와 공부를 많이 했기 때문에, 진로 분야와의 연관성과 관심사에 대한 탐구를 자연스럽게 심화할 수 있을 것입니다.

특별히 언급하고 싶은 것이 하나 있는데요. 세특에 기록된 활동을 펼친 학생은 아직 고등학생입니다. 학생부를 평가하는 대학 입학사정관들도 이 사실을 너무나 잘 알고 있어서, 학교에서 할 수 있는 활동, 특히 일반고에서 할 수 있는 활동은 제한돼 있다는 것을 알고 있어요. 그래서 대학생 수준의 인사이트를 발견해내는 것을 기대하지 않아요.

그러니 학생이 학생부, 특히 세특을 통해 보여 주어야 하는 것은 '내가 이만큼 노력했고, 앞으로도 이렇게 노력할 수 있어요.' 정도라는 것입니다. 고등학생 수준에서 노력하고, 그것이 드러나기만 하면 된답니다. 이 사실을 염두에 둔다면 세특에 대한 부담을 조금은 줄일 수 있을 거예요.

07 생명 분야 학과 진학하려면 동아리 활동 어떻게 하죠?

예비 고3 학생

예비 고3 학생입니다. 평소 생명 분야에 관심을 가지고 있어서 관련 학과로 진학하고 싶어요. 그래서 생명 분야 학과에 대해 자세히 알고 싶습니다.

그리고 생명 관련 학과에 진학하기 위해서는 그와 관련된 활동으로 학생부를 채워야 하는데요. 동아리를 다시 한번 바꿔야 할지, 그리고 동아리 활동을 어떤 방식으로 진행하는 것이 효과적인지 고민입니다.

제가 상담해 드릴게요!

세종대 생명시스템학부 22학번 멘토

학생은 1학년 때와 2학년 때의 동아리가 다른 상황이고, 동아리 활동을 통해 생명 분야에 대한 내용을 학생부에 채울 수 있는지에 대한 고민이 큽니다.

보통 가장 이상적인 상황은 동아리를 3년 내내 동일하게 유지해서 대학에 진학하는 것이죠. 하지만 학년이 올라감에 따라 관심 진로도 변화해 갈 수 있어, 진로가 매우 확고하지 않은 이상은 같은 동아리를 3년 동안 유지하는 것은 쉽지 않은 일이에요. 그리고 같은 동아리를 유지하면서 고등학교 생활 3년 동안 다양한 활동들을 만들어 내는 것도 어려운 일입니다. 우선 자신의 진로와 접점이 아예 없는 1학년 때 동아리를 2학년 들어 바꾼 것은 잘한 일이라고 생각합니다.

그런데 3학년 때 동아리를 한 번 더 수정하게 된다면 대학에서 바라는 일관성을 보여줄 수 있을지, 정말 현재의 동아리에서 자신의 진로와 관련해서 만들어낼 수 있는 활동에 대해 고민해 본 게 맞는지에 대한 의문이 생길 수 있어요. 또한 동아리를 바꾸게 됐을 때, 바꾼 동아리에서 얼마나 좋은 활동들을 만들어 낼 수 있을지에 대한 확신이 없다는 문제가 발생하게 됩니다.

최적의
동아리 활동 방법 💡

우선 자신의 진로와 아예 무관한 동아리는 다른 동아리로 바꾸는 것이 가장 좋은 선택으로 보입니다. 하지만 3년 내내 동아리를 계속해서 바꾸는 것은 대학이 학생을 평가하는 관점에서 보자면 그리 좋지 못한 상황인 것은 분명합니다.

동아리를 해마다 계속 바꾸기만 해서는 그 동아리에 적응하는 기간도 필요하고, 어떤 활동을 위주로 진행되는지 파악하는 기간도 필요하기 때문에, 동아리 안에서 적극적으로 활동을 이끌어 나가는 것이 힘들 것으로 생각됩니다. 그래도 만약 동아리를 바꿔야만 하는 상황이라면, 동아리를 변경해 가는 과정 속에서 자신의 진로가 점점 구체화되는 것을 보여주는 것이 가장 좋을 것으로 보입니다.

동아리 활동에 적극적으로 참여하는 것을 강조하는 이유는 그만큼 동아리 활동을 통해 자신의 진로에 대한 열정과 적극성을 보여줄 수 있기 때문입니다. 예를 들어 볼게요. A와 B는 모두 같은 동아리에서 활동하는 학생들입니다. A는 그 동아리에서 진행하는 활동에 참여한 학생입니다. B는 동아리에서 진행하는 활동에 참여하고, 그와 연계된 다른 활동도 진행하면서 동아리에서 이러한 활동을 하자고 제안하고 실행하는 학생입니다. 대학 입장에서 A와 B 중 더 시선이 가는 학생이 누구일까요? 당연히 B 학생일 것입니다.

그렇기 때문에 동아리 활동에 단순히 참여한 것에서 끝낼 것이 아니라 연계된 다른 활동들도 진행하면서, 활동을 주도적으로 제안하고 이미 수행한 활동들을 발전시켜 나갈 것을 권해 드립니다.

따라서 자신의 진로에 대한 일관성을 보여줄 수 있고, 구체화하는 과정을 보여줄 수 있는 동아리를 선택한 후, 동아리 내에서도 자신이 만들어 갈 수 있는 활동들을 적극적으로 보여주는 방식을 택하는 것이 나아 보입니다.

희망 학과 정보 얻는
가장 빠른 방법 💡

생명 분야와 관련된 학과들은 굉장히 많고 그 이름도 다양합니다. 학과에 대한 정보를 얻는 가장 쉬운 방법은 희망 대학의 해당 학과 홈페이지에 들어가서 학과 설명과 개설 과목 등의 정보를 참조하는 것입니다. 많은 대학들이 홈페이지에 학과 설명을 구체적으로 올려두고, 대학 졸업 이후 진로와 관련한 내용도 정리해서 올려놓고 있으니 참고하기에 매우 좋습니다.

대학 홈페이지의 학과 소개 페이지에서는 학과에 개설된 전공과목들로 어떤 것이 있는지 확인할 수 있는데요. 이를 통해 그 학과에 재학하고 있는 대학생들이 어떤 전공과목을 수강하는지를 알 수 있기 때문에, 이를 참고하면 자신이 공부하고 싶은 분야가 맞는지 다시 한번 확인할 수 있습니다.

마지막으로 자율전공 진학을 생각하고 있는 학생들의 경우, 학과를 결정해야 할 시기에 자신이 원하는 학과를 선택할 수 있을지, 자신이 원하는 학과를 선택하지 못할 경우에도 자신의 진로에 타격이 없을지 등을 고려해야 한다는 점도 기억하기 바랍니다.

제 2 장

내신·모의고사 성적, 이렇게 하면 오른다!

01 고3 내신 올리려면 어떻게 하죠?

고3 학생

고3 때 내신 성적을 올리고 싶은데, 성적이 마음처럼 쉽게 올라가지 않아요. 공부를 열심히 해도 성적이 잘 나오지 않고요.

특히 수학 공부법을 잘 모르겠어요. 저는 수학 공부를 할 때, 틀린 문제를 잘라서 공책에 따로 붙인 다음 다시 풀어보는 방법으로 공부하고 있어요. 이 방법이 맞을까요? 그리고 사탐 과목 공부법도 궁금합니다.

제가 상담해 드릴게요!

고려대 국제학과 21학번 멘토

내신 성적을 올리고 싶지만, 열심히 해도 만족스러운 점수가 나오지 않으니 답답했을 겁니다. 그리고 곧 고3이 되기에 더욱 조급하고 불안한 마음이 들 거예요. 그래도 자신만의 공부법을 소개한 것을 보니, 열심히 공부하고 있고 공부에 의지가 있는 학생이라는 생각이 듭니다. 학생만의 공부법으로 공부하고 있는데, 내신 성적이 오르지 않다 보니 '내가 지금 하는 공부법이 맞나?' 하는 의문도 생겼을 거예요.

내신 성적 올리는
'오답노트' 활용법 💡

　그런데 궁금한 것이 있습니다. 혹시 시험 끝난 후 오답 체크를 해보았나요? 오답 체크를 하는 가장 큰 이유는 같은 문제를 다음에는 틀리지 않기 위해서입니다. 제가 여기에서 말하는 오답 체크는 '답'에만 집중해서 답만 확인하고서 대충 내용을 알 것 같으면 그냥 넘어가는 것이 아니라, 문제를 틀린 '이유'에 집중하는 것을 말합니다. 문제를 틀린 이유를 단지 '몰라서'라고 막연하게 생각할 것이 아니라, 세밀하게 분석하는 노력이 필요합니다.

　예를 들면, '공부한 내용인데, 긴장돼서 시험 볼 때만 기억이 나지 않았다.', '공부할 때 이 내용은 절대 나오지 않을 것이라고 생각해서 공부를 하지 않았는데 시험에 나왔다.', '이 부분은 공부하면서 본 적이 없는데 시험에 나왔다.', '나중에 암기하려고 빼 둔 내용인데 암기하지 못했다.', '암기하긴 했는데, 대충 외워서 기억이 나지 않는다.' 등 여러 이유가 있을 수 있습니다. 이 이유를 틀린 문제별로 잘 적어두고, 어느 부분이 가장 부족했는지 확인해 보는 것이 필요합니다.

　이렇게 오답을 하게 된 이유를 상세하게 분석한 후, 다음 시험을 위해 부족했던 부분을 채우고 개선해야 합니다. 예를 들어, 공부를 완벽하게 했던 내용인데 시험 때 긴장이 돼 내용이 기억나지 않았다면, 시험 때 긴장을 낮추기 위해 노력할 수 있습니다. 혹은 공부할 때 본 내용인데 시험 볼 때 기억이 나지 않았다면, 다음 시험 때는 좀 더 정확하고 확실히, 완벽하게 암기를 할 수 있도록 노력할 수 있겠죠.

오답 체크를 하는 두 번째 이유는 과목별 선생님께서 어떤 문제를 출제하는 것을 좋아하시는지 출제 스타일을 알아보기 위해서입니다. 과목별로 선생님께서 좋아하시는 문제들이 있습니다. 저희 고등학교를 예로 들면, 수학 선생님께서는 교과서 변형 문제를 자주 출제하셨습니다. 그래서 저는 수학 교과서 문제를 모르는 문제가 없도록 세 번씩 풀었습니다. 교과서 문제를 모두 안 틀릴 때까지 풀었던 거죠.

또, 저희 한국사 선생님은 교과서에 있는 사료 사진을 항상 시험에 출제하셨습니다. 그래서 두 번째 시험을 준비할 때는 사료 사진과 설명을 암기해서 정답을 맞혔던 기억도 있네요. 또한, 사회 선생님께서는 특정 문제집을 좋아하셨습니다. 그래서 다음 시험을 준비할 때는 그 문제집을 꼼꼼히 풀면서 공부했습니다.

이렇게 시험이 끝나고 오답 체크를 하면서, 다음 시험 대비 방법을 연구하는 것이 필요합니다. 나만의 오답 체크 양식을 만들어 두고, 다음 시험을 대비하는 방법까지 함께 적어두는 것을 추천합니다. 오답 체크를 하면서 내게 부족한 부분이 무엇인지, 다음 시험을 어떻게 준비할지 생각하고 이를 기록해 두세요.

하지만 막상 실제 시험을 준비할 때는 그 내용을 잊고, 다시 이전의 시험 대비 방식으로 돌아가서 같은 실수를 반복하는 학생이 많습니다. 그렇기 때문에, 이번 시험에서 틀렸던 내용과 오답 방지 전략을 적어두고 잘 보관을 해둔 뒤, 다음 시험을 준비할 때 꺼내서 읽어보고 지난번에 적어둔 방식으로 시험 준비를 한다면 좋은 결과가 있을 거예요.

수학·사탐
공부 방법

수학

　수학 공부를 할 때 저만의 방법이 있는데요. 제 수학 공부 방법을 소개해 드릴 테니 참고해 보세요. 저는 수학 문제를 풀 때 풀이는 공책에, 채점은 문제집에 했어요. 이렇게 문제를 풀면 문제집은 깨끗하게 보존이 되기 때문에, 따로 문제를 프린트해서 잘라서 붙이고 문제를 풀 필요가 없습니다. 그래서 오답 노트를 작성하는 데 시간이 절약돼요.

　채점할 때는 틀린 문제 옆에는 작은 동그라미 두 개, 아예 접근법을 몰랐던 문제 옆에는 작은 동그라미를 세 개를 그립니다. 그리고 틀린 문제를 답지를 보지 않고 스스로 문제를 풀어서 정답을 구했을 때, 동그라미에 하나씩 체크를 합니다. 문제집에 체크하니까 나중에 풀었던 문제와 안 풀었던 문제를 확인하기 쉽습니다. 이런 방법으로 틀린 문제는 최소 두 번씩 풀어보면서 정확한 풀이를 익히고 암기할 수 있었습니다.

사회탐구

　탐구과목은 선지를 꼼꼼히 공부하는 것이 중요합니다. 문제를 풀 때 선지를 꼼꼼히 정리했나요? 아니면 답이 맞았는지 틀렸는지 확인만 하고 그냥 넘어갔나요? 시험 문제를 풀면서, 분명히 문제집에서 본 선지인데 맞는 선지인지, 틀린 선지인지 헷갈렸던 적 있지 않나요? 문제를 풀면서 내가 아는 선지와 모르거나 헷갈리는 선지를 구분하고, 내가 정확히 모르는 내용은 따로 암기하는 것이 필요합니다.

제가 했던 사회탐구 과목 공부 방법을 자세히 설명할게요. 먼저 문제를 풀면서 선지에 정답이 아닌 것은 ×, 정답은 ○, 잘 모르면 △ 표시를 해둡니다. 그리고 나중에 채점할 때, 틀린 문제의 선지는 물론, 맞은 문제의 △ 표시를 해둔 선지까지 확인하면서 공부합니다. 답지의 정확한 풀이를 관련 선지에 적어둡니다. 그리고 따로 노트에 주제별로 선지를 적어서 암기하는 방법입니다.

문제를 풀다 보면 주제별로 나오는 선지가 비슷하다는 것을 느낄 것입니다. 문제집에서도 비슷하고, 시험에서도 문제집에서 봤던 선지가 나온다는 것을 깨닫게 되지요. 그래서 내가 아는 선지와 모르는 선지는 확실히 표시를 해두면서 구분을 한 후에, 모르는 선지는 꼭 다시 정리해서 외우는 것이 필요합니다. 이 방법으로 사회탐구 과목을 공부한다면, 공부하면서 본 선지가 시험에 나오기 때문에 수월하게 문세를 맞힐 수 있습니다.

제가 소개해 드린 방법은 평소에 공부했던 방법보다는 시간이 오래 걸리고 귀찮을 수 있습니다. 그러나 한 번 제대로 따라 해 본다면, 전보다 내신 성적을 더 올릴 수 있을 거예요. 학기 중에 따라 하는 것이 부담되면, 방학 때 제 방법으로 공부를 해보고 모의고사로 점수를 확인해 보세요. 제가 소개한 방법들로 고3 때 내신을 원하는 만큼 올려서 좋은 결과 있길 바랍니다.

⓶ 공부 안 한 예비 고3, 수능최저 맞추려면?

예비 고3 학생

> 예비 고3 남학생입니다. 고등학교 1~2학년 생활을 소홀히 해왔어요. 이제 고등학교 3학년이 되는만큼, 정신 차려서 남은 고등학교 생활을 열심히 하고자 합니다.
>
> 수시로 대학에 지원할 예정이라 수능최저가 필요해서 모의고사 공부를 시작했어요. 그런데 제대로 된 모의고사 공부는 처음이다 보니 과목별로 무엇을 필수적으로 해야 하는지 잘 모르겠어요. 특히 국어, 영어, 탐구과목 공부법이 궁금해요. 또한 어떻게 하면 공부 시간을 효율적으로 사용할 수 있는지도요.

제가 상담해 드릴게요!

고려대 경영학과 23학번 멘토

학생은 수시를 주 전형으로 준비하는 학생이기에, 지금까지는 학교 내신을 중심으로 공부를 해왔고 모의고사 공부는 상대적으로 덜 신경 썼을 것으로 보입니다. 고등학교 1·2학년 모의고사보다는 고등학교 3학년 모의고사의 난도가 훨씬 높기 때문에, 예비 고3 학생이라면 누구나 모의고사와 수능 공부에 대해 고민할 것이라는 생각이 듭니다.

모의고사 과목별
추천 공부법 💡

국어

　국어 점수를 단기간에 높이기 위해서는 비교적 실력을 빠르게 올릴 수 있는 국어 선택과목과 문학에 집중하는 것이 좋습니다. 선택과목에 대한 기본적인 개념을 한 번 정리하고, 우선 평가원과 교육청 모의고사 기출문제를 다 풀어 보길 바랍니다.

　기출문제를 다 풀면 선택과목만 묶어 놓은 문제집(상상국어, 이감, BON 바탕 N제 등)의 학습 시기와 기간을 설정하고, 매일 아침마다 시간 맞춰 푸는 연습을 하면 좋습니다.

　문학은 EBS 연계 체감률이 높기 때문에 수능특강 작품만큼은 완벽히 공부해야 합니다. 이와 더불어, 역대 평가원 및 교육청 모의고사 기출로 이루어진 문제집으로 문학을 공부하는 것을 추천합니다. 학생은 이미 사설 인강 패스를 구매했다고 합니다. 그러니 문학 개념과 어떻게 문학 작품을 읽어내야 하는지에 관한 수업을 들으며 따라가면 됩니다.

　국어 인강 선생님은 누구를 들어야 하는지 정답이 정해진 게 아니기 때문에, 패스를 끊은 경우 무제한으로 어떤 선생님이든 수업을 다 들어 볼 수 있으니 첫 강의 정도는 들어보고 본인에게 제일 잘 맞는 선생님 수업으로 골라 들으면 됩니다. '제로베이스'에서 시작하는만큼 기본에 충실하게 개념 공부를 하고, 사설 문제집보다는 기출을 바탕으로 학습한 내용을 적용해서 문제 푸는 연습을 하면 좋을 것 같아요.

영어

영어는 감을 잃지 않고 공부하는 것이 매우 중요하기에, 하루에 적어도 30분은 꼭 공부한다는 마음가짐을 가지면 좋겠습니다. 학생은 영어 모의고사 성적이 4~5등급대인 상태이고, 그렇다면 단어가 매우 어려울 것입니다. 따라서 단어장 하나를 정해 자투리 시간을 활용해 매일 적어도 40개 이상의 영단어를 외우는 걸 추천합니다.

또, 듣기에서도 오답이 나온다고 하니, 먼저 31번에서 39번까지의 어려운 유형들보다도 듣기 문제와 18번에서 30번까지, 40번에서 45번까지의 문제를 오답 없이 풀어내는 연습을 해야 합니다. 충분히 맞힐 수 있는 문제들부터 점수를 먼저 확보하는 것이 단기간에 영어 점수를 올릴 수 있는 방법이기 때문에 이 번호대의 문제들을 먼저 연습하는 것을 추천해요.

탐구

탐구과목은 개인적으로 인강 선생님의 풀 커리큘럼을 성실히 따라가는 것을 추천합니다. 개념부터 문제 풀이, 그리고 최종 모의고사 마무리까지 1년 계획이 잘 짜여 있습니다.

그러나 무엇보다 중요한 것은 선생님들의 수업을 따라가면서도 스스로 복습해 주는 시간을 반드시 갖는 것입니다. 저는 사회탐구를 공부할 때, 개념을 완벽히 익힌 후 기출문제부터 시작해서 사설 모의고사 문제집까지 엄청난 양의 문제들을 풀었어요. 그때마다 노트를 하나 따로 구매해서 헷갈린 개념이나 선지들을 꾸준히 정리해 두었습니다.

수능 직전에 이 노트만 보고도 그동안 공부했던 것들을 다 복습할 수 있어 매우 유익했습니다. 제가 사회탐구 과목을 공부했던 방식이 결과적으로 저에게 도움이 크게 됐기에 이러한 공부 방법을 추천해 드립니다.

효율적인
시간 관리법 💡

시간 관리법에는 사람마다 각자 자신만의 스타일이 있으며, 꼭 정해진 정답은 없다고 생각합니다. 저에게는 잘 맞았던 방법이 있는데 알려 드릴 테니 참고하세요.

저는 플래너와 스톱워치를 적극 활용했습니다. 매일 아침 플래너에 오늘 하루 공부 계획을 짜면서, 수능 때 시험 보는 순서와 동일하게 국어, 수학, 영어, 탐구 순으로 공부할 계획을 기록했습니다. 플래너에 적은 것만큼은 다 해내자는 각오로 공부를 했어요.

이렇게 계획하고 공부를 하는 습관을 들이면, 하나의 공부를 끝내고 다음 공부를 시작할 때 우왕좌왕하면서 낭비하는 시간을 줄일 수 있어서 좋아요. 또, 계획을 세우고 공부하면, 계획한 바를 하나씩 실천해 나가는 자신의 모습을 보면서 뿌듯함을 느낄 수 있어서 동기부여를 받을 수 있지요.

저는 스톱워치를 항상 들고 다니면서 학교생활이나 수업 시간을 제외한 저의 순수 공부 시간을 측정했습니다. 공부 시간이 꼭 중요한 것은 아니지만, 고3 공부량을 소화할 수 있는 절대적인 공부 시간 확보는 무조건 필요하다고 생각해요. 적어도 하루 5시간 공부한다는 목표를 시작으로 차차 시간을 늘려가는 것을 추천해요.

플래너 활용법과 마찬가지로 스톱워치를 통해 나의 목표 시간을 이뤘음을 확인하는 것이 동기부여에 큰 도움이 되며, 각 과목마다 내가 어느 정도 시간을 할애하고 있는지 측정하고 어느 과목에 더 많은 시간을 투자해야 하는지 조정할 수 있다는 점에서도 효과가 큰 방법입니다.

저는 고등학교 3학년 때 아침에 일찍 일어나서 1시간 일찍 등교했습니다. 저희 학교 등교 시간은 8시 40분까지였는데 저는 7시 30분까지 학교에 가서 국어 공부를 한 시간씩 했어요. 수능 날에 아침 일찍 일어나 국어 지문을 읽어야 하기 때문에 이를 익숙하게 만들고자 일찍 등교하는 습관을 만들려고 노력했지요. 본격적인 학교 수업 시간이 시작되기 전 한 시간 정도의 공부 시간 확보가 전체 공부 시간 목표를 이루는 데 큰 도움이 됐습니다.

저는 개인적으로 책상에 앉아 공부를 시작하기까지 오래 걸리는 스타일이어서, 밤늦게까지 공부하는 것보다는 차라리 일찍 일어나서 일찍 공부를 시작하는 것이 시간을 더 효율적으로 사용하는 방법이었어요.

그리고 쉬는 시간, 점심시간, 야자 시작 전 쉬는 시간 등 자투리 시간 또한 낭비하지 않고 사용하는 것도 중요합니다. 간절한 마음으로 시간을 소중히 써야 해요.

03 수학·국어 약한 예비 고1, 선행학습 어떻게 하죠?

예비 고1 학생

내년에 고1이 되는 중3 학생입니다. 이번 여름방학에 친구들은 대형 학원 특강을 신청하며 수학, 과학 등 선행을 많이 나가더군요. 아무래도 고등학교는 등급제로 서로 경쟁을 할 텐데, 저랑 같은 고등학교를 갈 다른 친구들이 저렇게 벌써 열심히 하니까 저도 뭔가 해야 할 것 같고 불안해요.

수학 선행은 어디까지 해야 고등학교에서 잘 따라갈 수 있는지, 그리고 제가 국어를 정말 못하는데 고등학교 대비를 어떻게 해야 할지 궁금해요. 수학과 국어 외에 전체적인 고등학교 학습 대비는 어떻게 해야 할지도 알려주세요.

제가 상담해 드릴게요!

연세대 화공생명공학과 21학번 멘토

중학교 마지막 해를 맞이하며 불안과 걱정이 교차하는 마음이 이해됩니다. 학원 다니는 친구들에게 "나는 수학 어디까지 나갔다.", "나는 방학에 하루 12시간 공부하는 학원에 등록했다." 등의 이야기를 듣는다면 당연히 자신만 뒤처진다는 느낌이 들 수 있어요. 그러나 너무 걱정하진 마세요.

제가 초등학생일 때에도 "친구 누구는 벌써 고등학교 범위를 나간다더라." 같은 얘기를 주변에서 들으며 학생처럼 나만 뒤처지는 건 아닌가 하고 많이 걱정했어요. 그런데 실제로 중학교에 올라가고 고등학교에 올라가서 주변 친구들을 봤을 때 그리고 결과를 봤을 때, 그렇게 선행을 무리하게 진행한 친구 10명 중 9명은 배웠던 내용을 모두 까먹어서 저랑 같이 처음부터 다시 공부하더라고요.

학생 때 제 주변 친구들뿐 아니라 실제로 제가 대학에 와서 멘토링 활동을 하며 1년에 1,000명이 넘는 학생들을 만나보았는데, 그렇게 많은 친구들을 만나보아도 상위 1%에 들 만큼 공부를 잘하는 경우가 아니라면 대부분은 선행이 아무 의미 없었어요.

학생이 지금 해야 할 것은 주변과 비교하지 말고 자신만의 속도로 나아가는 것이에요. 자기 자신에 대해 자신감을 갖고, 일정을 계획적으로 관리하면서 꾸준한 노력을 유지하는 것이 핵심입니다. 친구들이 미리 고교 준비를 위해 선행 학습을 하고 있다고 해서 불안해하지 않아도 됩니다.

중3인 지금 학생이 해야 할 것은 여러 학습 방법을 접해 보면서 자신에게 맞는 학습 방법을 찾아가는 것, 그리고 무리하지 않고 꾸준히 공부하는 연습을 하는 것이라고 생각합니다.

예비 고1의
수학 공부 방법 💡

학생이 가장 걱정하는 것이 수학 선행일 텐데요. 상위 1%를 제외한 대부분의 학생에게 필요한 수학 선행 정도는 딱 한 학기 정도라고 생각해요. 중3 여름방학 때에는 중3 2학기 수학을 선행하는 정도이고, 중3 겨울 방학 때는 고1 1학기 정도의 수학 진도를 예습하는 정도가 적당하다고 봅니다.

그럼 수학 공부를 어떻게 하면 좋을까요? 수학은 일단 많이 풀고 시간을 많이 쓰면 무조건 실력이 늡니다. 조금 더 효율적으로 공부하는 방법을 알려 드리자면, 내 수준에 잘 맞는 문제를 골라서 푸는 겁니다.

내가 당장 중상 난도의 문제도 못 푸는데, 제일 어려운 시험에서 킬러 문항으로 나올 만한 문제들을 푸느라 한 문제 푸는 데 1시간씩 잡고 있다? 그러면 물론 풀리긴 할 거예요. 그리고 '내가 이렇게 어려운 문제를 풀었구나!' 하는 성취감도 들겠죠. 그런데 나중에 수행평가, 단원평가 등 시험을 볼 때, 이런 어려운 문제를 다시 만난다고 해서 그때도 그 문제를 제대로 풀 수 있는 게 아니잖아요.

그렇게 어려운 문제에 오랜 시간을 쓰는 건, 마치 게임에서 내가 10레벨이라 10레벨 사냥터에서 사냥하면 몬스터 한 마리를 1분이면 잡는데, 10레벨 사냥터가 아니라 100레벨 사냥터에 가서 몬스터 한 마리를 1시간씩 쓰면서 잡고 있는 것과 같은 거예요. 물론 오래 하면 레벨은 오르겠지만 효율이 크게 떨어지죠.

수학도 똑같아요. 내가 10레벨이면 10레벨 혹은 11레벨 정도의 문제들을 푸세요. 수준에 맞는 문제를 계속 풀고 그 문제를 모두 마스터하면 다음 단계로 넘어가는 거죠. 이렇게 단계를 점차 올리면서 킬러 문제까지 연습하면 좀 더 효율적이고 빠르게 수학 공부를 할 수 있습니다.

그런데 수학은 몇 문제를 푼다고 게임처럼 레벨이 보이는 것도 아닌데, 그 난도를 마스터했는지 어떻게 알 수 있을까요? 제 경우에는 수학 문제를 풀 때 문제집에 바로 안 풀고, 다른 종이나 노트, 패드에 풀면서 문제집에는 표시만 해 두었습니다. 쉬웠으면 동그라미, 헷갈렸으면 세모, 틀렸으면 네모로 표시를 하고, 모르겠다 싶은 문제에는 별 표시를 해 두었어요. 동그라미 표시가 된 문제들을 제외한 문제들은 동그라미가 될 때까지 계속 다시 풀었습니다. 그렇게 문제집의 모든 문제가 동그라미가 되면 다음 문제집으로 넘어가는 식으로 수학 공부를 했습니다.

예비 고1의
국어 공부 방법 💡

국어에서는 비문학이 가장 중요합니다. 비문학 실력만 탄탄하면 다른 분야들은 쉽게 풀 수 있을 거예요. 국어에서 실력을 키우는 방법은 한 문제 한 문제 확실히 푸는 것입니다. 예를 들어, OX 문제가 있으면 보기 하나하나를 꼼꼼하게 읽고 무엇이 답인지, 왜 이 보기가 맞는지, 그 근거가 어디에 나와 있는지를 체크해 가면서 풀어주세요. 그렇게 하면 한 지문에 한 시간씩도 걸릴 수 있는데, 이런 훈련이 쌓이고 쌓이다 보면 빨리 풀 수 있게 될 거예요.

중요한 것은 많은 지문을 몰아서 푸는 게 아니라, 하루에 한 지문씩이라도 꾸준히, 그리고 꼼꼼하고 확실하게 풀어주는 것입니다.

중3에게 꼭 필요한 '공부 습관' 잡는 법 💡

공부를 처음 시작하면 의욕이 앞서서 내가 수용할 수 있는 학습량 이상의 계획을 세우거나, 혹은 처음에는 하루 3시간, 4시간씩 하다가 며칠 공부해 보니 재미있고 갑자기 의욕이 넘쳐서 7시간, 8시간씩 공부하는 친구들이 가끔 있어요.

공부를 많이 하면 좋은 것 아니냐 하고 생각할 수도 있는데 이게 오히려 문제가 될 수 있습니다. 갑자기 무리하게 공부 시간을 늘리고 앉아 있다 보면 '오늘은 평소보다 많이 했으니까, 힘드니까 내일은 쉬어도 될 거야.'라는 생각이 반복되면서 공부하기 싫어지는 순간이 빨리 찾아올 수 있어요. 이런 것을 '슬럼프'라고 하죠.

이 슬럼프를 피하기 위해서는 처음부터 내가 할 수 있는 공부량의 100%를 매일 하려고 하지 마세요. 계획을 짤 때는 쉬는 시간이나 자신의 피로도도 고려해야 합니다. 하루에 최대 4시간 정도 앉아 있을 수 있으면 '하루 3시간만 매일 하겠다.'는 식으로 과하지 않게 목표를 잡으세요.

처음에는 내가 할 수 있는 공부량의 70~80%가 적당하다고 봅니다. 그 후 공부 시간을 늘리고 싶다면 서서히 공부 시간을 늘려가세요. 늘어난 공부 시간에 내가 적응할 수 있도록 한 달 이상의 시간을 충분히 두고 계획을 짜서 공부를 한다면, 슬럼프도 피하고 오래 꾸준히 공부를 할 수 있을 거예요.

주변과 비교하지 말고 자신의 속도와 방식으로 꾸준히 공부를 진행한 다면 고등학교에서도 분명히 잘 적응할 수 있을 것입니다. 물론 제가 알려 드린 공부 방법이 모두에게 정답은 아닐 거예요. 그러니 제 공부 방법으로 공부해 나가면서 자신에게 맞춰 조금씩 수정해 나간다면, 금방 자신에게 꼭 맞는 공부 방법을 찾을 수 있게 될 거예요. 항상 응원할게요!

04 고3 '정시 파이터'인데 수능 공부가 막막해요

고3 학생

고3 수험생입니다. 학년이 올라가면서 성적이 점점 떨어져 현재 내신 성적으로는 원하는 대학을 가지 못할 것 같아서 정시전형으로 대학을 가려고 해요. 겨울방학 동안은 공부가 그럭저럭 잘 됐으나, 개학 후 학교에서는 친구들, 산만한 분위기, 내신과 수행평가 준비 등으로 제대로 집중을 하기 어려워요. 거기다 하교 후 집에 도착하면 너무 지쳐 있고 시간이 늦어서 공부가 잘되지 않아요.

또, 고3 공부량이 너무 많아 막막하기만 합니다. 앞으로 1년 동안 시간을 어떻게 배분하고, 어떤 방향으로 공부를 해 나가면 될까요?

제가 상담해 드릴게요!

고려대 컴퓨터학과 22학번 멘토

학생은 흔히 말하는 '정시 파이터'가 되기로 결정했군요. 열심히 하려고 마음을 제대로 먹고 진심으로 수능이라는 시험에 임하고자 하지만, 친구들로 가득한 학교와 툭하면 나오는 수행평가나 중간, 기말고사 등으로 제대로 수능 공부에 집중하지 못하고 있습니다.

예전에는 '현역 고3은 무조건 수시를 노려야 한다.'라는 인식이 있었습니다. 그러나 요즘은 문·이과 통합, 의대 정원 확대 등으로 현역 고3 수험생도 정시로 충분히 원하는 곳을 갈 수 있는 상황입니다. 따라서 내신 성적이 목표에 미치지 못하고 더 높은 대학을 가고 싶다는 의지가 강한 학생이라면 정시를 고려해 보는 것을 추천합니다.

그런데 현역 고3에게는 매일 등교를 한다는 큰 문제가 있습니다. 친구들, 산만한 분위기, 각종 행사, 잦은 수행평가, 지필고사 등으로 학교에서는 수능 공부에 집중을 하기 어렵습니다. 또한 막상 수능 공부를 하려고 해도 공부량이 너무 방대해서 막막하고, 제대로 된 방향을 잡지 못해 계속 시작점에서 맴돌고 있는 상황에 놓여 있는 학생들이 많습니다.

예를 들어, 개념이 중요하다고 해서 개념만 붙들고 있거나, 영어는 단어가 전부라고 해서 단어만 외우고 있는 등 비효율적으로 시간을 보내는 경우가 많아요. 물론 이런 시간들이 헛되다는 건 아니지만, 고3이라는 짧은 시간 동안 최대한의 효율을 뽑아내야 하는 상황에서는 시간이 아깝다는 생각을 지울 수 없습니다.

학교에서 수능 학습 집중력 높이는 법

현 상황에서 학교에서 집중력을 어떻게 높일 수 있는지 알려드릴게요. 저는 학교에서 공부할 경우에는 루틴을 만들어서 공부하는 것이 중요하다고 생각합니다. 루틴이 처음 몸에 배기까지는 정말 힘들지만, 딱 일주일만 참고 루틴을 몸에 적응시키면 저절로 몸이 움직여 외부의 소란스러운 상황 속에서도 자신만의 페이스를 유지할 수 있게 됩니다.

저의 경우에는 수능 시간표에 맞춰서 아침에는 국어, 국어가 끝나고 점심 먹기 전까지 수학, 점심시간에는 영어, 점심 먹고 하교하기까지 탐구과목을 공부하고, 부족한 부분은 방과 후에 최대한 메꿨습니다.

학교라는 공간을 족쇄처럼 느끼는 학생들도 많지만, 오히려 학교의 강제성을 이용한다면 공부 습관을 쉽게 잡을 수 있습니다. 정해진 수업 시간이라는 틀에 맞춰 공부를 진행해 나갈 수 있어요. 또 우리가 수능을 응시하는 곳은 '학교'입니다. 수능 시험장과 가장 유사한 곳인 학교에서 트레이닝을 계속 진행해 나갈 수 있다는 장점이 존재합니다.

수능 시험은 아침부터 치르기 때문에, 아침에 공부하는 습관을 유지하는 것도 대단히 중요합니다. 물론 루틴을 체화시키기는 굉장히 어렵습니다. 하지만 딱 일주일만 루틴을 체화시키려고 노력해 보세요. 그 일주일이 지나면 공부하는 것이 훨씬 더 쉬워질 것이라 생각합니다.

효율적인
수능 공부법 💡

앞으로 수능 공부를 어떻게 진행하면 좋을지에 대해서도 조언드리자면, 개념을 오래 붙들고 있기보다는 최대한 빨리 문제를 푸는 것을 추천드립니다. 저는 문제를 풀면서 개념을 복습하는 것이 효율적이라고 생각해요. 개념을 오래 본다고 해서 그 개념이 이해되는 것이 아닙니다. 개념을 오래 붙들고 있었다고 해도, 막상 문제를 풀어 보면 해당 개념에 혼란이 오기 일쑤입니다. 따라서 개념은 최대한 빠르게 인강 등으로 본 뒤, 조금 무리일지라도 문제를 풀어가며 오답을 정리하고, 개념을 계속해서 반복 복습하는 것이 효율적이라고 봅니다.

수능을 준비할 때에는 수능 기출문제를 반복해서 공부하는 것이 가장 중요하다고 생각해요. 수능을 출제하는 곳은 평가원이고, 그 평가원의 데이터가 누적된 가장 최적의 자료이면서 가장 잘 만들어진 최상의 문제들이 바로 수능 기출문제이기 때문입니다.

과목별로 수능 기출문제를 활용하는 방법은 다음과 같아요. 수학은 기출을 보며 다양한 풀이, 사고 방법을 고민해 보면서 사고력을 확장하는 것이 중요해요. 인강 등으로 다양한 풀이를 연습해 보면서 다각도로 문제에 접근하는 연습이 필요합니다. 문제가 물어보는 바가 무엇인지, 이 문장은 수학적으로 어떤 의미를 가지고 있는지 해석하는 것이 중요합니다.

수능 국어와 영어 기출문제 공부를 할 때에는 문장 단위로 생각을 하는 연습이 중요합니다. 결국 선지도 하나의 '글'이기 때문에 '이 문장이 왜 여기에 나왔을까?', '어떤 의도로 이 문장을 썼을까?'라는 질문을 가지고, 문장 간 유기성을 고려하며 여러 번 읽어보면 글을 보는 시야가 넓어질 것이라 생각합니다. 또, 영어 기출문제를 풀어보면서 모르는 단어는 따로 기록해서 그때그때 외우는 것을 추천 드립니다.

수능 탐구과목은 선택과목이 다양해서 정확한 조언을 드리는 것은 사실 어렵습니다. 저는 과학탐구 과목을 선택했기에 수능 과학탐구에 대해 조언해 드릴게요. 과학탐구에서는 시간 내에 20문제를 푸는 능력이 중요하다고 생각합니다. 시간 내에 문제를 모두 풀기 위해서는 기출문제의 풀이 논리를 체화해야 합니다. 그리고 시간을 재며 기출을 풀어보면서 시간 압박에 대한 감각을 기르는 것이 효과적입니다.

05 만년 3등급 예비 고3, 성적 올리려면?

예비 고3 학생

예비 고3 남학생입니다. 많은 문제를 풀고 공부도 열심히 한다고 생각했지만, 계속 3등급에서 성적이 올라가지 않아 답답해요. 주변에서 오답노트를 추천해 줬는데, 저는 성격상 가위랑 풀로 자르고 붙인 노트를 들고 다닐 자신이 없네요. 공부는 어떻게 하고, 오답노트는 어떻게 쓰는 게 좋을까요? 어떻게 해야 학습 효율을 높일 수 있을지 모르겠어요. 그리고 학습 계획은 어느 정도로 자세하게 세우는 게 좋을까요?

제가 상담해 드릴게요!

중앙대 소프트웨어학부 21학번 멘토

예비 고3 학습 효율 높이는 법 💡

학습의 효율을 높이는 방법으로 오답 노트와 문제를 풀 때 할 일에 대해 알려 드릴게요.

3, 4등급대 학생은 오답 체크만 잘해도 2등급으로 넘어갈 수 있습니다. 대부분의 학생들이 모의고사가 끝나면 채점 후 맞은 문제는 따로 체

크를 안 하고, 틀린 문제만 해설지를 보고 넘어가는 경향이 있습니다. 하지만 풀 때는 헷갈렸지만 운 좋게 맞은 문제도 반드시 체크해야 합니다. 공부할 때는 정답 여부와 관계없이 문제를 풀면서 고민했던 내용이나 헷갈렸던 선지 등을 표시하면서 공부해야 합니다. 아래에 예시를 통해 설명 드리겠습니다.

　문제를 푼 후에는 문제들을 아예 모르는 문제, 헷갈린 문제, 실수한 문제로 분류합니다. 이 중에서 아예 모르는 문제는 개념 공부부터 다시 해야 합니다. 해당 문제에서 필요한 개념, 그중 내가 놓친 개념 또는 놓친 조건을 다시 공부합니다. 헷갈린 문제도 모르는 문제와 비슷합니다. 공부를 할 때는 내가 헷갈리는 부분이 무엇인지 꼭 체크를 한 후, 기록을 해두어서 자주 보면 좋습니다.

　실수한 문제를 점검하는 것이 가장 중요한데요. 어떤 실수를 했는지 아주 구체적으로 기록하고 그에 대한 해결책을 써야 합니다. 예를 들어, 저는 2+3=5가 나오면 5가 나온 선지를 찾아서 답 체크를 해야 하는데, 실수로 선지 5번을 답으로 골랐던 경험이 있습니다. 그 후 정답 선지를 V표로 체크하고 넘어가는 것이 아니라, 크게 번호를 써서 동그라미까지 치는 습관이 생겼고, 이후에는 같은 실수를 반복하지 않았습니다. 이처럼 실수 내용과 해결책을 같이 적어두는 것을 적극 추천 드립니다.

　해당 문제들의 오답 이유를 분석하고 나서 며칠 후, 다시 그 문제들을 푸는 등의 복습을 진행합니다. 그러면 실수가 인지되면서 내가 모르는 부분이나 놓친 부분을 체크할 수 있어서 학습의 효율을 높일 수 있어요. 실수를 인지하고 있는 것만으로도 실수가 많이 줄어서 안정적인 성적이

나올 수 있습니다. 오답 노트를 잘 활용해서 실수도 줄이고, 부족한 부분
은 복습을 통해 채워 주세요.

학습 계획 수립 시
필요한 팁 💡

학습 계획을 짤 때는 달력이나 플래너에 시간과 과목, 학습 진도나 분
량 등을 적어 두는 방식이 가장 일반적입니다. 예를 들어, '2월 17일 토
요일 아침 9시~11시까지 수학 자*스토리 기하 3강 풀기'처럼 간략하게
계획을 적는 것이죠.

계획을 무조건 세밀하게 세우는 것이 좋아 보일지는 모르지만, 그걸
지키는 것은 현실적으로 힘들어요. 분 단위나 시간 단위로 쪼개어 너무
세부적인 학습 계획을 세우는 것은 계획 자체를 짜는 데에도 많은 시간이
소요되고, 또 그 계획을 실천하기가 쉽지 않습니다. 그러니 일별, 주별,
월별 정도로 대강의 계획을 세우는 것이 오히려 나을 수 있어요.

전날에 학습 플랜을 세웠다면 그 계획에 따라 그다음 날 아침에는 공
부를 바로 시작하세요. 학습 계획표 혹은 플래너는 아침에 쓰는 것은 권
장하지 않아요. 아침부터 계획 짜는 일에 시간을 소모할 것이 아니라, 학
습 계획은 밤에 미리 짜는 것이 좋다고 생각해요. 밤에 오늘 다 해내지 못
한 공부와 내일 해야 할 내용을 생각해서 스케줄을 세우며 오늘 하루를
돌아보는 시간을 갖는 것이 중요합니다.

또, 학습 계획을 세울 때 모든 요일을 빽빽하게 시간을 다 채우지 말고,

주당 하루 정도는 보강을 위한 요일로 비워 두세요. 저는 일요일을 보강하는 날로 잡아서 그 주에 공부하려고 계획했다가 차질이 생겨서 다 못한 공부를 하거나, 부족하다고 생각되는 과목의 파트를 보강했어요. 이렇게 학습 보강 요일을 정해서 공부하면, 스케줄대로 학습을 계속 밀고 나가는 일이 한결 쉬워집니다.

예비 고3의
주요 과목별 학습법 💡

국어 공부는 하루에 2~3개씩 비문학 지문을 푸는 것을 추천 드려요. 서점에 있는 평가원 비문학 문제집을 골라서 풀어도 좋고, 학원이나 인강 교재로 지정된 비문학 문제집으로 공부해도 좋습니다. 국어 문법은 시간 내에 푸는 스킬이 중요하고, 고전 문학은 출제되는 부분이 정해져 있으므로 문학과 문법 공부는 인강을 추천 드립니다. 또한, 수능 국어의 응시 시간인 오전에는 비문학 지문을 읽는 습관을 들이는 것을 권해 드립니다.

수학은 강의만 수동적으로 보기보다는 스스로 수학 문제 풀고 고민하는 것이 중요합니다. 개념 단계 이후에는 다양한 문제를 풀어보면서 혼자 생각하는 시간을 가져야 합니다. 수학 공부를 할 때, 어려운 문제를 만나면 시간이 좀 오래 걸리더라도 혼자 고민해 보는 시간이 꼭 필요해요. 최소 10분 이상 고민하고 나서, 그래도 문제가 안 풀리거나 문제에 아예 접근조차 할 수 없을 때 해설을 보세요. 수학은 정답지를 글로 읽기보다는 해설 강의로 보는 것을 더 추천해 드립니다. 수학 인강을 선택할 때는 나에게 맞는 선생님을 고르는 것이 중요한데요. 그러기 위해서는 여러 선생님의 강의를 미리 들어보고 정하세요.

학생은 수학 3등급을 받는다고 했으니, 수학에서 실질적으로 성적을 향상하려면 킬러 문항보다는 준킬러 문항을 집중적으로 공략하세요. 최근 수학 출제 경향을 보면 과거의 킬러 문항처럼 어려운 문제는 중요하지 않습니다. 그렇다고 수능 수학 기출문제를 모두 다 건너뛰라는 것이 아니고, 3등급이면 그런 킬러 문항을 푸는 것보다는 그것보다 상대적으로 더 쉬운 4점 문항들을 바로바로 풀 수 있을 정도가 되도록 공부하는 것이 더 유리하다는 뜻입니다.

영어 듣기는 등교 시간 혹은 하교 시간에 계속 들으면, 외워질 정도로 영어 듣기가 숙달됩니다. 영어 3등급을 받는 학생이라면 힘들이지 않고 성적 올리기 가장 쉬운 부분이 영어 듣기 파트입니다. 듣기에서 만점을 받으면 2등급 이상은 받을 수 있습니다.

또, 영어 단어는 따로 시간을 내어 암기하기엔 시간이 너무 아까우니까, 쉬는 시간 등의 자투리 시간에 조금씩 꾸준히 공부할 것을 추천 드립니다. 영단어 책으로 영어 단어를 공부하는 것보다는, 영어 독해를 공부할 때 지문에서 나오는 어려운 단어만 나의 단어 메모장에 기록해 두었다가 시간 날 때마다 반복해서 암기하면 좋습니다.

모의고사나 수능에서 영어 독해 문제를 풀 때, 문제를 순서대로 풀지 말고 상대적으로 쉬운 부분부터 풀고 시간이 남으면 어려운 부분을 나중에 푸는 식으로 해서 시간 부족으로 인한 실점을 최대한 막아야 합니다. 저는 영어 모의고사를 볼 때, 가장 난도가 높은 빈칸 추론 문제들은 일단 건너뛰고 마지막 파트인 장문독해 문제까지 모두 풀었어요. 그런 후에 넘어갔었던 어려운 문제들을 풀었더니 시간 내에 영어 시험 문제를 다 풀 수 있었습니다.

06 예비 고2, 국어 비문학이 약해요

예비 고2 학생

예비 고2 여학생입니다. 국어학원을 다닌 경험도 없고, 혼자서 내신과 수능 및 모의고사 공부를 병행하면서 준비하는 상황이에요. 저는 특히 국어 비문학 공부에 고민이 많아요. 내신은 간단히 기출문제만 풀고 외우기만 하면 되니까 암기 위주로 공부해서 좋은 성적을 받았어요. 하지만 수능 모의고사는 암기 위주로 공부했을 때 내신만큼 좋은 성적이 나오는 게 불가능하더라고요. 도대체 모의고사 국어 비문학 공부는 어떻게 해야 할까요?

제가 상담해 드릴게요!

홍익대 디자인학부 22학번 멘토

학생은 자기주도 학습 의지가 어느 정도 있어서 혼자서 공부를 해왔습니다. 수시와 정시 공부를 열심히 준비하기는 하지만, 현재 공부 방법에 대한 객관적인 점검이 부족합니다. 많은 예비 고2 학생들이 그렇듯 본인만의 공부 방법을 찾아 나가는 과도기에 있는 것으로 보이네요.

예비 고2 학생들은 이맘때쯤 자신이 하고 있는 공부 방법이 본인에게 맞는지, 본인이 추구하는 입시 목적에 부합하는지에 대한 고민을 하게 됩니다. 따라서 이 시기는 본인만의 공부 방법과 절대적인 공부량을 정확히 점검하고 고쳐 나가기에 딱 좋은 적기라고 생각해요. 또, 다른 친구들과 성적을 비교하며 자신감이 많이 떨어지는 학생들도 많은데요. 마라톤과 같은 입시에서 일찍부터 지치지 않도록 공부 방법을 찾아 나가는 재미를 느끼고, 자신감도 키우는 방법을 알려드리겠습니다.

내신 국어
비문학 공부법

국어 내신 공부는 학교 수업 내용을 집중해서 듣고, 암기를 기반으로 기출문제를 많이 풀어보는 것이 가장 이상적인 공부 방법입니다. 학생들 중에는 수업 시간에 선생님께서 짚어 주시는 내용을 중요하게 생각하지 않고, 수업 시간에 학원 문제를 풀거나 조는 경우가 생각보다 많아요. 하지만 내신 시험 문제를 출제하는 분은 바로 그 수업 담당 선생님이기 때문에, 그 선생님의 수업을 철저하게 듣는 것이 무엇보다 중요해요.

따라서 내신 고득점을 위해서라면 학교 수업 내용을 하나하나 중요하게 듣고 암기량을 늘리는 것이 가장 중요합니다. 사소한 것이라도 놓치지 않고 매의 눈으로 열심히 암기하며 내신 시험을 준비하는 것이 좋습니다.

수능 국어
비문학 공부법 💡

그다음은 수능 국어 비문학 공부 방법인데요. 수능 국어 비문학 공부에서는 기출문제와 수능특강을 기본 베이스로 기본기를 탄탄히 다져가는 작업이 필요하다고 생각합니다. 수능은 단기적으로 준비하는 내신과는 달리, 상당히 고차원적인 시험입니다. 단순 암기만으로 수능 시험을 준비하기에는 학생의 기본기가 받쳐주지 않아 '밑 빠진 독에 물 붓기'와 같다는 생각이 들어요. 현재 암기 위주의 공부 방법으로는 수능 국어 비문학의 기본기를 쌓을 수 없기 때문에, 기본기를 익히는 공부 방법으로 변화를 줘야 합니다. 비문학의 기본기를 연마하기 위해서는 저난도의 수능형 지문을 정확히 푸는 독해 연습 위주로 하는 공부 방법을 추천해 드립니다.

수능 비문학은 경제, 사회, 과학 등 사회 전반에 걸친 다소 어려운 내용의 지문들이 많이 나오고, 이런 어려운 지문들을 받았을 때 많은 학생들이 당황하며 어떻게 손을 대야 할지 모르겠다는 말을 많이 하곤 합니다. 사회 전반의 모든 비문학 내용을 암기하는 것은 불가능하기 때문에, 어려운 내용의 지문이 나왔을 때 당황하지 않고 마인드 컨트롤을 하며 편안하게 지문에 접근할 수 있도록 독해 능력을 길러야 합니다.

학생은 혼자서 공부하는 것이 더 편하고, 매일 스톱워치를 통해 절대적 공부 시간을 체크하고 플래너를 작성하는 등 자기 주도적 성향이 강합니다. 따라서 굳이 학원을 다닐 필요 없이, EBS나 사설 인터넷 강의 업체를 통해 인터넷 강의 선생님들의 문제 풀이 방법을 보고, 실제로 그 방법을 적용해서 수능 기출문제를 풀어보며 수능 형식의 지문에 어떻게 접근해야 할지를 알아가는 것이 좋겠습니다.

저난도의 지문으로 시작해서 질문을 정확하게 이해하고 지문을 선지에 정확하게 대응하며 푸는 연습을 통해 기본기를 다지는 시간을 가진다면, 공부 과정에서 성취감도 올라갈 것입니다. 또한, 이러한 연습을 계속해 나가면 고2가 돼 모의고사를 볼 때 현재보다 더욱 자신감 있는 자세로 시험에 임할 수 있을 것입니다.

학생들 중에는 자신만의 공부법과 공부량에 대해 자만하는 이들이 생각보다 많습니다. 공부법에 정확한 답은 없지만, 언제나 자기 자신을 돌아보고 점검하는 자세는 자신에게 아주 좋은 양분이 된다고 생각해요. 그런 점에서 자신의 공부법을 고민하고 고쳐 나가려는 자세를 가진 학생을 진심으로 칭찬해 주고 싶습니다. 비슷한 고민을 갖고 있는 학생들에게도 기출문제를 통한 수능형 지문 접근법을 익히고, 내신과 수능 공부법을 분리해 공부할 것을 권해드립니다.

07 고교 중퇴생의 수능 공부법이 궁금해요

고교 중퇴생

법학과 진로를 희망하고 있는 학생입니다. 고등학교 1학년 1학기만 다니고 중퇴해, 현재 검정고시를 통해 고등학교 과정을 마쳤어요. 고등학교 내신으로 환산해 보니 7등급이 나오는데, 법학과를 갈 수 있을까요? 그리고 수능 과목별 공부 방법도 궁금합니다.

제가 상담해 드릴게요!

동국대 법학과 19학번 멘토

학생은 검정고시로 고등학교 과정을 마친 학생이라 내신보다는 수능 위주로 공부 방법을 제시해 드릴게요.

먼저, 내신 7등급으로 법학과를 갈 수 있을지에 대한 걱정이 크고, 수능을 준비하려면 어떤 식으로 공부해야 할지 감을 잡지 못해 어려움을 겪고 있는데요. 물론 내신 7등급으로는 원하는 법학과에 수시전형으로 진학하기는 어려울 수 있습니다. 하지만 수능이라는 기회가 남아 있기에 수능 준비를 훌륭히 해낸다면 학생이 원하는 법학과에 진학할 수 있으리라 생각됩니다. 그러기 위해서는 수능 과목을 어떻게 공부할지를 계획하고 공부하는 방법을 터득하는 것이 가장 중요합니다.

저 또한 고등학교에 들어가면서 처음에는 이것저것 조금씩 건드려 보다가 제대로 공부해 보지도 못하고 시간만 날린 적이 많았습니다. 예를 들어 영어 단어를 외우면 좋다고 해서 단어만 무작정 외웠더니 영어 모의고사를 왕창 틀렸어요. 틀린 문제를 여러 색깔 펜을 이용해 예쁘게 오답 노트를 작성하다가 이틀 연속 영어만 공부하면서 시간을 보내기가 일쑤였고요. 그러다 보니 쉽게 지쳐 포기하게 돼 버리더라고요.

수능 문제 유형 파악 방법 💡

먼저, 수능 문제 유형을 파악해 보는 것이 필요합니다. 수능 문제 유형을 파악할 수 있는 제일 좋은 방법은 수능 문제 중 국어와 영어 기출문제를 먼저 풀어보는 것입니다. 수학과 탐구 영역을 우선해서 풀어보도록 추천해 드리지 않은 것은, 아직 충분히 학습되지 않은 상태에서 이런 영역의 수능 기출문제들을 풀게 되면 제대로 풀지 못할 수 있기 때문입니다.

물론 학원이나 독학으로 선행해 보신 분들은 수학과 탐구 과목의 수능 기출문제도 함께 풀어 보는 것이 좋습니다. '국어'와 '영어'의 경우 따로 개념을 배우지 않아도 기본적인 독해 능력과 영어 문법 개념을 제대로 이해하고 있다면 충분히 풀 수 있으리라 생각합니다.

수능 문제 유형을 파악할 때 가장 중요한 것은 제한된 시간 내에 풀어보는 것입니다. 가장 최근 수능 문제가 지금 풀기엔 아깝다고 느껴지면 5년 전 혹은 3년 전의 수능 혹은 고3 6월 모의고사를 풀어봐도 괜찮습니다.

틀린 문제는 오답 노트를 작성하기보다는 어떤 유형을 틀렸는지 먼저 확인해 보는 것이 중요합니다. 가령 국어는 과학 및 기술 지문의 비문학 파트나 국어 문법 등에서, 영어는 빈칸 추론 파트나 듣기 등에서 많이 틀렸다면, 그 부분이 본인에게 가장 취약한 부분이므로 수능 공부할 때 이 부분들을 먼저 공부해야 할 것입니다.

효율적인
수능 과목 공부법 💡

수능 국어

수능 문제 유형 파악 후, 본격적으로 과목별 학습을 해야 하는데, 제가 효과적이었다고 생각되는 과목별 공부 방법을 알려 드릴게요.

수능 국어를 공부할 때에는 매일 비문학 지문을 접하는 것이 좋습니다. 하루에 한 지문 이상은 풀어서, 긴 글을 읽는 데 거부감이 없도록 하는 것이 중요해요. 비문학을 풀고서는 내가 틀린 이유, 즉 실수인지, 어떤 문장을 보고 선지를 택했는데 잘못 이해한 것인지 등의 원인을 찾은 다음, 정답의 근거를 답지 없이 스스로 찾아봐야 합니다. 또한, 문단마다 중심 문장이 어디 있는지 찾아보고 중심 문장 주변에서 정답의 근거가 나왔는지 확인할 필요가 있습니다.

국어 문학을 공부할 때, 저는 주로 해설집을 보고 틀린 이유를 찾았습니다. 문학 파트에서는 애초에 작품을 잘못 파악해 틀린 경우가 많으니까요. 또, 해설집을 보는 데 그치지 않고 해설집에 나와 있는 주요 포인트를 정리하고, 네이버 등의 검색 엔진을 통해 문학 작품의 줄거리나 내용 요약을 읽어본 다음, 해당 작가가 쓴 다른 문학 작품도 함께 읽어보길 추천합니다. 그럼, 다음에 문학 문제를 풀 때 큰 도움이 될 것입니다. 국어 문법은 정리장을 한 권 장만해 자기만의 간략 노트를 만들어 꾸준히 복습하는 것이 좋습니다.

수능 영어

영어에서 듣기는 틀린 문제만 다시 듣고, 들리는 단어 발음을 한국어로 써보는 방법을 추천 드립니다. 이후 답지를 확인하며 내가 못 들은 단어가 무엇인지 파악하고, 듣기에 나온 단어 중 모르는 것이 있다면 한국어로 발음을 쓰고 그 옆에 뜻을 작성하는 것이 좋습니다.

영어 독해 문제는 모르는 단어에 형광펜으로 밑줄 치고 단어장에 기록해 두면 좋아요. 이때 모르는 단어에 밑줄 치고 그 바로 밑에 한국어 뜻을 다는 것이 아니라, 문제집 제일 하단에 뜻을 작성해 두고 형광펜으로 밑줄 친 부분들만 보고 단어의 뜻을 떠올리는 것이 좋습니다. 그리고 독해에서 틀린 이유와 어떤 부분에서 정답 근거가 나왔는지 표시하며 오답 노트를 정리하면 영어 독해의 정답과 오답의 구성원리가 잡힐 것입니다.

영어 단어장을 사서 외우는 것이 힘든 학생들에게는 모의고사를 풀고 모의고사에서 모르는 단어들을 정리해 나만의 단어장을 만들어 암기하는 것을 추천합니다. 단어 암기 시, 오늘 아침에 한 번 읽고 점심때 한

번 읽고 저녁에 뜻을 손으로 가려서 외워보고 못 외운 건 표시해 두는 방식이 좋습니다. 이때 중요한 점은 다음날 단어를 암기할 때는 어제 암기한 것을 누적해서 복습하면서 동시에 오늘 새로운 단어를 암기해야 한다는 것입니다.

수능 수학

수학은 개념을 잘 잡고 문제 풀이를 통해서 개념을 적용하는 연습을 해야 합니다. 수학의 어느 특정 단원을 개념서로 공부했다면 그 당일에 바로 그 단원에 해당하는 응용서 파트를 푸는 것이 중요합니다. 수학은 개념을 응용할 수 있느냐가 중요한 과목이기 때문이죠. 가령 개념원리에서 집합 부분을 공부했으면, 그날 쎈 문제집을 통해 집합 문제를 풀어보는 것입니다.

수능 탐구·한국사

저는 탐구 및 한국사의 경우 '수능개념' 강의를 이용했습니다. 무료로 EBSi에서 강의를 제공하므로 경제적 부담 없이 이 강의를 들으면서 나만의 개념 정리 노트를 만들었습니다.

탐구과목과 한국사는 개념 정리 노트를 계속해 반복 학습하며 수능특강 문제를 풀어나가면 실력이 향상될 거예요. 특히, 한국사는 매일 조금씩 공부하는 것보다는 며칠에 걸쳐서 한국사 강의를 몰아서 듣는 것이 효율적이었어요. 역사는 이야기의 흐름으로 몰아 듣게 되면 그 흐름이 머릿속에 잘 들어오기 때문입니다.

수능을 너무 어렵게만 생각하지 말고, 기출문제를 분석해 문제 유형을 파악하면서 수능 준비를 시작해 보세요. 수능 대박을 기원합니다.

08 중2, 공부 자극이 필요해요

중2 학생

중2 학생입니다. 공부를 잘하고 싶어서 공부 계획이랑 시간표를 짜서 공부하는데, 첫날에만 열심히 하고 그 뒤로는 잘 못해요. 그리고 꿈을 이루기 위해서 꾸준히 공부를 해야 된다는데, 꿈이 자주 바뀌어서 생각이 많아져요.

이번 해에는 정말 열심히 공부해서 좋은 성적을 거두고 싶어요. 공부를 꾸준히 하려면 무슨 계획을 짜고 그 계획을 어떻게 실천해야 하나요? 어떻게 하면 공부 자극을 계속 받을 수 있을까요?

제가 상담해 드릴게요!

연세대 언론홍보영상학부 19학번 멘토

중학생이 본인에게 맞는 공부 계획을 세우고 실천하는 것은 당연히 어려운 일입니다. 습관은 단기간에 형성할 수 있는 것이 아니니까요. 꿈이 자주 바뀌는 것 역시 당연한 일입니다. 오히려 긍정적으로 보입니다. 이것도 하고 싶고, 저것도 하고 싶은 거잖아요. 이렇게 하고 싶은 것이 많다는 건 좋은 신호입니다. 그중에서 제일 하고 싶은 한 가지를 고르든 혹은 여러 가지를 택하든, 차차 이뤄 나가면 되니까요. 요즘은 N잡 시대이니 꼭 하나를 고를 필요도 없답니다.

지금 단계에서 중요한 건 딱 하나입니다. 바로 공부의 'WHY'입니다. 공부해야 할 이유가 명확하게 있지 않기 때문에 공부가 제대로 되지 않는 것이죠. 내가 왜 공부를 해야 하는지 스스로도 납득할 만한 이유가 없으니까 공부를 흐지부지하게 되지요. 중학생 시절을 통틀어서 '공부를 해야 하는 이유' 하나만 제대로 찾아도 중학교 시절은 성공이라고 생각합니다.

공부해야 하는 나만의 이유 'WHY'를 찾아라 💡

꿈을 이루기 위해서 공부를 해야 된다는데…. 그건 아마도 부모님과 선생님께서 말씀하시는 이유일 겁니다. 학생 본인도 정말 그렇게 생각하나요? 학생은 '배우'를 꿈꾸고 있다고 했습니다. 그렇다면 '배우'라는 꿈을 이루기 위해서 공부를 해야 한다고 생각하나요? 정말 그렇게 생각한다면, 지금 공부가 안될 리 없어요. 꿈을 이루고 싶다는 생각에 미친 듯이 공부하고 있었겠죠. 공부가 안 된다는 건 학생 본인도 그 이유에 100% 동의하지 않고 있기 때문입니다.

나를 움직이게 할 만한 나만의 WHY를 찾아내세요. 부모님도, 선생님도 아닌, 나만의 이유를 찾아보세요. 공부를 해야 하는 이유라고 해서 대단하거나 거창하지 않아도 돼요. 꿈을 이루기 위해서? 나중에 큰 사람이 되기 위해서? 좋은 대학에 가기 위해서? 이러한 판에 박힌 듯이 흔한 이

유들이 와닿지 않는다면 억지로 공감할 필요 없어요. 나를 진심으로 움직이게 만드는 이유라면 그것으로 충분합니다.

제가 찾았던 저만의 WHY를 소개할게요. 중학생 시절, 저는 유튜브에서 연고대 합동응원전 영상을 봤어요. 너무 멋진 거예요. 몇천 명, 몇만 명을 데리고 단상 앞에서 폭발적인 에너지를 쏟아내면서 응원을 이끄는 그 응원단장이 너무 인상적이었어요. 영상을 보자마자 심장이 들끓는다는 기분을 처음 느꼈어요. 그날부터 제 꿈은 응원단장이 되는 것이었어요. 응원단장이 되려면 일단 응원단에 들어가야 하고, 응원단에 들어가려면 최소한 연대나 고대를 가야 했어요. 공부를 미친 듯이 해야만 하는 이유가 생긴 것이었죠.

부모님이나 선생님이 백날 공부해야 하는 이유에 대해 말씀해 주셨어도 소용이 없었어요. 마냥 잔소리처럼 느껴졌거든요. 그 모든 이유보다, 이 합동응원전 영상 하나가 저에게는 강력한 동기부여가 됐어요.

이처럼 사람을 움직이게 하는 WHY는 각기 다릅니다. 여러분의 이유가 따로 있을 거예요. 주변 사람들이 하찮다고 생각할지라도, 나를 움직이게 하는 나만의 이유를 찾아보세요.

'WHY'를
발전시키는 법 💡

아무리 사소하더라도 일단 이유 하나를 찾고 그 이유를 포스트잇에 적어서 책상 앞에 붙여두세요. 공부를 하기 싫을 때면 책상 주위를 보게 되잖아요? 그때 그 포스트잇이 눈에 들어올 겁니다. '나는 응원단장이 되기 위해 공부한다.'는 문구를 보고도 스스로가 움직이지 않는다면, 그건 진짜 이유가 아닌 겁니다. 그럼 어떡하냐고요? 포스트잇을 하나 더 붙이면 됩니다. 나를 움직이게 하는 또 다른 이유를 적어서 말이죠.

저는 중학생 때 명확한 WHY를 하나 찾았지만, 이 이유 하나만으로 '매일' 공부가 잘되는 건 아니었어요. 공부가 유난히 안 되거나 하기 싫은 날도 있었죠. 그렇게 고등학생이 됐는데, 제가 다니는 고등학교에서 농담처럼 유행했던 말이 있었어요. "너 우리 학교에서 4등급 나오면 XX 대학(집 앞에 있는 대학)에 간다." 그런데 저는 그 말처럼 되는 것이 정말 싫었어요. 집 앞에 있는 대학을 간다면, 내가 중고등학생 때 보던 동네 친구들을 그대로 대학에서 만나게 될 테니 말이죠. 저는 서울 사람도 아니었고, 지방에 사는 평범한 일반고 학생이었거든요. 지금 만나는 동네 친구들보다 더 넓은 세상에서 더 많은 멋진 사람들을 만나고 싶었어요. 내 인생의 수준을 이 좁은 동네로 한정 짓고 싶지 않았어요. 그날 이후로 새 포스트잇을 붙였어요. '이 동네에서 평생 이 수준으로 살고 싶으면 지금처럼 공부 대충대충 해.'

남들이 보기에 조금은 이상하고 독특한 이유일지라도 상관없어요. 나에게는 나만의 이유가 있고, 나만의 인생이 있는 법입니다. 앞으로도 인생의 모든 챕터에서 WHY를 찾는 훈련을 해야 할 겁니다. 그 첫 단추가 공부의 이유를 찾는 것이고요. 조금 어려울지라도 공부의 이유를 하나 찾아서 포스트잇에 적어보세요. 여러분의 인생은 그 한 장의 포스트잇으로 인해 상당히 많이 바뀌기 시작할 것입니다.

09 '수포자'이지만 수학 포기하지 않으려면?

예비 고1 학생

내년 고등학교 입학을 앞둔 학생입니다. 중학교 때부터 수학을 좋아하는 편은 아니었지만, 그냥 학원의 도움을 받아 그럭저럭 해냈어요. 하지만 요즘은 학원에서 고등학교 수학 선행을 할 때 무슨 말인지 모르는 경우도 많고 문제 풀이도 어렵게 느껴져요. 수학에서는 사고력이 중요하다는데 어떤 부분이 사고력인지도 모르겠어요. 채점할 때도 맞은 문제도 별로 없는데, 계산 실수나 문제를 제대로 읽지 않아서 틀리니까 수학이 더 재미없고 싫어지네요. 수학을 어떻게 공부해야 할까요?

제가 상담해 드릴게요!

단국대 수학과 22학번 '수포자' 멘토

　　중학교에서 고등학교로 올라가는 시기에는 자신에 대한 회의감을 많이 느끼게 됩니다. 중학교 때는 학원에서 나눠주는 프린트 혹은 교재를 통해 문제를 많이 풀어보면 성적이 잘 나오곤 하지만, 고등학교에서는 수학에서 응용문제나 변형문제도 출제되므로 문제를 많이 풀어보는 것만으로는 충분하지 않지요.

중학교와 고등학교의 수학은 문제를 풀고 올바른 답을 구하는 문제 풀이 중심의 수업으로 진행되다 보니 '많이 맞으면 수학을 잘하는 학생, 많이 틀리면 수학을 못하는 학생'이란 흑백논리로 학생들을 바라봅니다. 이러한 관점에 익숙해진 학생들은 많이 틀리는 과목에 대해 '이건 나랑 안 맞아.'라는 생각을 쉽게 할 수 있지요. 그래도 바로 포기하지 않고 해결하려는 모습이 정말 좋아 보입니다. 수학 공부에서 학생이 느끼는 문제점을 해결할 수 있도록 '수포자'였던 제가 활용했던 몇 가지 팁을 알려 드릴게요.

수학적 사고력을 키워라 🔦

먼저, 수학 문제 풀이가 되지 않고 '사고력'을 직접 경험하기 어렵다고 했는데, 이는 수학을 어렵다고 느끼는 학생들이 공통적으로 느끼는 생각인 듯합니다. 저도 그랬습니다. 문제 풀이가 되지 않고 사고력을 경험하기 어렵다는 것은 수학 문제를 그냥 그대로 바라보고만 있을 뿐, 그 문제를 풀 방법을 전혀 떠올리지 못하는 것을 의미한다는 걸 나중에 알게 됐죠.

수학 문제를 읽으면서 '여기선 무슨 조건을 끌어올 수 있을까?'라는 의문을 품어야 합니다. 이처럼 문제에 대한 풀이 방향을 잡고 질문에 답하는 과정이 바로 '사고력'입니다. 수학 문제를 빤히 들여다본다고 해서 답이 뚝딱 나오거나 풀이 방법이 바로 생각나는 것도 아닙니다. '왜 이런 말을 했을까?', '여기선 어떤 공식이나 원리를 끌어다 쓸 수 있지?'를 시작으로 '연관된 내용은 뭐지?', '수식으로 어떻게 표현할 수 있을까?'라는 과정으로 발전해야 합니다. 막히는 과정이 있다면 해당 부분에 대한 숙지가 미숙하다는 걸 스스로 인정하고, 그 부분을 집중적으로 다시 공부해야 합니다.

실수를 줄이는 법 💡

계산 실수를 하거나 문제를 제대로 읽지 않아서 실수하는 경우가 있다고 했는데, 수학 문제에서 올바른 값을 구하기 위해선 반드시 이런 문제점을 바로잡아야 합니다. 저 역시도 그랬습니다. 거기다 수학 문제를 제대로 읽지 않아서 엉뚱한 값을 구하곤 했지요.

저는 이러한 문제 상황을 해결하기 위해서 형광펜과 노트를 사용했습니다. 문제에서 구하고자 하는 값, 즉 옳은 것과 옳지 않은 것 중 무엇을 골라야 할지에 형광펜을 치는 겁니다. 색상 자체가 강렬하다 보니 구해야 할 부분이 무엇인지 확실하게 인지할 수 있어요.

또한, 계산 실수는 정신이 산만하다 보면 흔히 생기는 실수이므로 집중력을 높이는 것이 필수입니다. 한곳에 정신을 집중하기 위해선 노트에 반듯하게 쓰는 습관을 들이면 도움이 됩니다. 특히 고등학교 수학은 풀이 과정이 긴 경우가 많기 때문에 정갈하게 정리하는 습관이 매우 중요합니다. 문제를 틀렸을 경우, 다시 쓴 풀이를 바로 옆에 배치하면 자신이 실수한 부분이 무엇인지를 비교해 쉽게 파악할 수 있어서 많은 도움이 될 것입니다.

많은 학생들이 수학을 어려워합니다. 그러나 어려워 보인다고 무조건 포기할 것이 아니라, 자신의 약점을 분석해 올바른 해결법을 적용한다면 분명히 수학 성적을 향상시킬 수 있을 거예요. 스스로 부족한 점을 인정하고 수용하는 과정이 결코 쉽지는 않아요. 그리고 수학에서 취약한 부분을 찾아내고 그 부분을 집중적으로 재학습하는 데에는 용기와 의지, 그리고 노력이 필요해요. 하지만 한 번 더 용기 내어 도전해 보길 권해드려요.

학생의 노력을 응원하며, 수학에서 좋은 결과를 얻길 바랍니다.

제 3 장

진로와 입시 다 잡는
'일석이조' 학습 전략

01 지방 상위권 고2, 학생부 방향을 못 잡겠어요

지방 일반고 고2 학생

지방 일반고에 재학 중인 고2 여학생입니다. 현재 인서울 사회학과를 지망하고 있고, 1학년에는 1.4, 2학년 1학기에는 1.2 정도의 내신 등급을 받은 상황이에요.

저에게는 세 가지 고민이 있습니다. 첫 번째, 학생부 방향 잡기가 고민입니다. 진로가 명확하진 않지만, 공무원 쪽을 생각하고 있어서 사회계열로 진학하려고 합니다. 그중 행정학과는 내신 컷이 엄청 높아서 사회학과를 생각해 봤어요. 1학년 때 활동을 해보면서 사회적인 이슈를 접하는 것이 재미있기도 해서, 최근 사회문제에 대한 해결 방안 탐구 보고서 등 활동을 해놓은 상황입니다.

두 번째, 면접을 어떻게 대비해야 할지 막막합니다.

마지막 세 번째, 내신과 모의고사 성적 차이가 많이 나는데, 수능최저를 어떻게 맞춰야 할지 막막합니다. 제가 수학을 못해서 수학을 빼고 국어, 영어, 탐구로 수능최저를 맞추려고 하는데, 3학년 때 수능을 보면 재수생 유입으로 등급이 더 떨어진다고 하더라고요. SKY 대학의 수능 최저학력기준을 맞추려면 안정적으로 1~2등급을 받아야 한다고 들었어요.

제가 상담해 드릴게요!

서울대 소비자아동학부 21학번 멘토

학생은 지방 일반고에서 비교적 좋은 내신을 얻고 있는 상황에서, 본인이 학생부종합전형 대비를 잘하고 있는지에 대해 고민하고 있습니다. 상위권에 속해 있지만 전공 선택과 진로에 있어서 명확한 방향을 찾지 못한 상태이고, 고교 내신 성적에 비해 모의고사 점수가 낮게 나오는 상황이네요.

학생부
방향 잡는 법 💡

먼저, 첫 번째 고민인 '학생부 방향'에 대해 제 의견을 말씀드릴게요. 학생은 지금까지의 활동은 잘해 놓았다고 할 수 있어요. 다만, '특색'을 추가해야 합니다. '사회 이슈를 접하는 것이 재미있다.'는 표현은 인문계열을 지망하는 친구들이 대부분 생각하는 내용이라고 할 수 있어요. 더욱 구체적인 동기와 함께 학생부 활동을 발전시키려면, 먼저 '진로'에 대한 고민을 한 후 희망 학과를 정해 보는 것이 좋습니다. 현재 2학년이므로 전공과 진로에 대해 조금 더 고민을 해본 후, 3학년 때는 그것을 더 좁히는 식으로 학생부를 채워 나갈 것을 추천합니다.

학생은 공무원이 되고 싶다고 했는데, 그렇다면 지금부터는 '어떤' 공무원이 되고 싶은지 구체적으로 고민해 보아야 해요. 진로 희망과 관련해서 구체적인 목표가 나왔을 때, 희망 학과를 정하고, 본인이 관심 있는 주제를 캐치해서 그것을 활동으로 풀어낼 수 있을 거예요. 내신 등급에 따라 학과를 한정하기보다는 다음과 같은 순서로 생각해 보는 게 좋을 것

같아요. 현재 2학년으로 내신이 아직 마무리되지 않은 상태이기도 하고, 학생부종합전형을 준비한다면 정량적인 요소 외에 정성적인 요소도 중요하기 때문입니다.

희망 학과를 정했다면, 내가 해당 학과에 입학하면 어떤 것들을 공부하게 될지를 미리 알아낼 수 있는 통로들을 최대한 활용하세요. 예를 들어, 해당 학과 홈페이지, 유튜브나 SNS 채널, 오디바이스 같은 선배의 도움 등이 될 수 있어요. 고등학생 입장에서 희망 대학의 학과에서 어떤 것을 배우는지 완전히 파악하기는 힘들지만, 어느 정도 찾다 보면 그 커리큘럼 안에서도 내가 더 관심 있는 분야가 무엇인지 감을 잡을 수 있을 거예요. 그 후 관련 키워드로 독서를 하거나, DBpia 같은 학술논문 검색 사이트에서 자료를 찾아보는 것을 추천합니다. 이런 활동을 할 때에는 대학 수준의 탐구를 해야 하는 것이 아니라, 적당한 깊이로 나의 관심을 보여주는 게 중요해요. 교과와 연계시켜서, 또는 활동들끼리 연계시켜서 학생부에 작성할 수 있는 형태로 결과물을 내보면 더욱 좋습니다.

학생부 기반 면접 대비법 💡

현재 2학년 학생이므로 대입 면접은 지금부터 따로 준비하기보다는 현재 하고 있는 활동들을 세세하게 기록하는 것이 더 중요해요. 특히 느낀 점과 더 배우고 싶은 점 위주로 작성하는 것이 좋습니다. 이런 활동에 대해 그때그때 상세하게 기록해 두지 않으면, 고3 후반부에 대입 면접을 준비할 때, 이전에 활동했던 내용이나 절차가 잘 기억이 나지 않아서 활동에 대한 구체적 설명을 요구하는 질문에 효과적으로 답변하기 곤란해질 수 있어요.

따라서 고2인 현 단계에서는 학생부에 기록된 활동에 대해 상세하게 적어 두는 것만으로 나중에 면접 준비할 때 상당히 도움이 되고, 시간과 노력을 절약할 수 있습니다. 또 여기에서 기록한 내용이 실제로 다른 과목의 활동이나 다른 학기의 활동으로도 연결될 수 있어서 더욱 연계성 있는 활동으로 발전시켜 나갈 수 있지요.

상위권
수능최저 맞추려면 💡

학생의 고민대로 고3 6월 모평부터는 재수생 유입이 있고, 2학년 때까지의 모의고사와 수능의 수준에 차이가 있어서, 실제 수능에서 등급이 현 수준보다 더 떨어질 가능성이 분명히 있어요. 실제 수능에서는 지금 받는 모의고사 등급보다 한 등급씩 떨어진다고 가정하고 수능 최저학력기준을 충족시킬 수 있을지 계산해 보는 것도 괜찮은 방법입니다.

좀 더 안전하게 수능최저를 준비하고자 한다면, 상위권 학생이므로 '최저만 맞추겠다.'라는 생각보다는 '내가 정시로도 어느 수준 이상의 대학을 갈 수 있을 정도로 공부하겠다.'라는 생각으로 준비하는 것을 추천합니다.

우선 본인에게 비교적 편한 국어, 영어, 사회탐구 과목을 최대한 만점에 맞춰서 준비하는 것을 추천합니다. 이 세 과목 모두 실제 수능에서 등급 변동이 클 수 있기 때문에, 모의고사 등급에 만족하지 않고 실력을 더욱 높여야 합니다. 1~2등급이 나오는 다른 과목에 비해 수학은 3~4등급이 나온다고 했는데, 그렇다고 지금부터 수학을 포기하기보다는 현재 부족한 부분을 보완해 등급을 높이는 노력이 필요합니다.

특히 모의고사 수학에서 4점짜리 문제가 안 풀리는 것이 고민이라고 했는데요. 학생의 경우 개념 자체보다는 기존에 문제집에서 풀었던 문제의 풀이 자체에 의존하는 경향이 있을 것으로 생각되네요. 이러한 상황이라면 푸는 문제의 수를 무조건 늘리기보다는 '오답노트 작성'과 이것을 '3회 이상 반복 학습'하는 것을 추천합니다.

문제집을 푸는 것은 본인이 모르는 부분을 찾기 위해 하는 것이고, 그 이후 틀린 문제를 내가 해설 강의처럼 설명할 수 있을 때까지 반복 학습하는 것이 더 중요합니다. 틀린 문제 옆에 동그라미 세 개를 그려두고, 복습할 때마다 체크하고, 복습일을 기록해서 최소 이 동그라미 세 개는 채울 수 있도록, 3회 이상씩 오답을 복습하는 방법을 시도해 보길 바랍니다.

02 의대 지망 고2, 사탐 택해도 될까요?

고2 학생

고2 학생입니다. 의료계열 진학을 희망해서 과학탐구 쪽을 생각하고 있긴 한데, 사회탐구 과목을 섞어서 수능에 응시하는 것이 더 유리할까요? 지금 선택이 나중에 어떤 영향을 미칠까 두렵기도 하고 고민이 되기도 합니다.

제가 상담해 드릴게요!

대구한의대 한의예과 22학번 멘토

2022년 대학수학능력시험부터 '융합적 인재 양성'이라는 목표로 문·이과 통합이 실행됐습니다. 좋은 의도와 취지대로 학생들에게 유리해진 부분도 있지만, 2년이라는 시간이 지난 2024년 현재까지도 혼란이 계속되고 있는 실정입니다.

과거처럼 문과에서 이과로, 혹은 그 반대로 전향하고 싶은 고3 학생들이 어려움을 겪는 일은 줄어들었으나 완전히 없어진 것은 아닙니다. 오히려 선택을 고민해야 하는 시기가 더 빨라졌고, 이에 조기 진로교육의 중요성이 더욱 부각되고 있어요.

다양한 시도를 해볼수록 자신과 맞는 과목을 찾기가 쉽겠지만, 그렇게 하기엔 고등학교 3년이란 시간은 턱없이 부족해요. 그렇더라도 수능 석 달 전에 과탐이나 사탐 과목을 변경하는 불상사는 피해야 합니다.

선택과목 결정 전 이것만은 꼭 하자! 💡

먼저 선택과목을 정하기에 앞서 아래 3가지를 확실하게 결정해 두어야 합니다.

1. 자신이 가고 싶은 대학은 어디인가
2. 무슨 과를 가고 싶은가
3. 어떤 전형으로 갈 것인가

예를 들어 "1) 경상대 2) 의예과가 가고 싶고 3) 정시로 갈래요."라고 답하는 학생이 있다고 가정해 보겠습니다. 이 학생은 의예과를 희망한다는 점에서 사탐 과목을 선택하는 것은 제한됩니다. 문과와 이과가 통합됐다고는 하지만, 대학에서는 가산점 시스템을 통해 학생들을 구분하기 때문에 '정치와 법' 등의 사탐 과목을 선택한 학생보다 '생명과학Ⅰ' 등의 과탐 과목을 선택한 학생이 우위를 가져갈 수 있는 것이죠. 참고로, 경상대 의예과는 2024년도 정시 모집요강에 과탐Ⅰ+Ⅰ에 5%의 가산점을 부여하고, 과탐Ⅰ+Ⅱ에 10%의 가산점을 부여했습니다.

학생이 정시로 대학을 가고자 한다면, 표준점수가 높은 과목을 선택하는 것이 좋습니다. 표준점수가 일반적으로 높게 나오는 생명과학Ⅰ, 지구과학 I을 선택하는 것이 합리적입니다. 생명과학 II 가산점을 5%나 더 준다고 해도 결국 수학이나 국어에서 합격과 불합격이 결정되기 때문에, 생명과학 II를 고1 때 만점을 받는 실력이 아니라면 II 과목은 웬만하면 추천하지 않습니다. 수학과 국어를 공부하기에도 바쁜데 시간을 허비하면 안 되니까요.

수시의 경우를 생각해 볼까요? 현재 제가 재학 중인 '1) 대구한의대 2) 한의예과의 3) 학생부교과 면접전형'을 살펴보겠습니다. 수시의 경우도 마찬가지입니다. 문·이과 통합 시대라고 하지만 모집 단위가 (자연)한의예과, (인문)한의예과로 나누어져 있습니다. 수능최저를 살펴보면 아래와 같아요.

한의예과(자연) : 4개 영역(국어, 수학, 영어, 과탐) 중 상위 3개 영역 합 5
한의예과(인문) : 4개 영역(국어, 수학, 영어, 사탐) 중 상위 3개 영역 합 4

한의예과도 마찬가지로 과탐과 사탐의 동시 선택 영역이 제한돼 있습니다. 인문 전형으로 진학하기 위해서는 월등히 높은 내신 성적을 유지해야 하며 높은 경쟁률을 뚫어야 합니다. 본인한테 쉬운 것은 남한테도 쉽기 마련이거든요.

제가 예시를 들어가며 설명했는데 결국 드리고 싶은 말씀은 이공계 진학을 희망하는 학생이 문·이과 통합의 혼돈의 시대라는 이유로 전략적으로 인문계열 선택과목인 사탐을 선택한다는 것은 요행을 바라는 전략이라는 거예요. 어떻게 하면 더 편할까? 어떻게 하면 더 쉽게 대학을 갈 수 있을까? 이런 마음가짐으로는 원하는 대학에 진학하기 어렵습니다. 인기 학과와 대학은 점점 더 경쟁이 치열해지고 재수생, 삼수생은 늘어가는 시대에 이러한 요행을 바라는 전략만으로는 살아남기 힘듭니다. 추천 드리는 방법은 앞서 말한 3가지를 확실히 정하고 그에 맞는 과목을 선택하고 온 힘을 다해 공부하는 것입니다. "아 화학 I 재미없는데 그냥 한국지리 보는 대학은 없나?"라고 생각하며 휴대폰을 켜서 대학들을 찾아볼 시간에 조금이라도 더 공부하라는 것입니다.

마지막으로 제 이야기를 해 드릴게요. 저 역시도 22학번으로 선택 과목에 어려움을 겪었습니다. 고등학교 2학년 때 저는 앞서 말한 휴대폰을 켜며 대학을 찾아보는 철없는 수시 준비생이었기 때문입니다. 다만 저는 판단이 빨랐어요. 고3 5월까지 생명과학, 지구과학을 선택해 공부했는데, 6월 평가원 모의고사에 화학I으로 과목을 변경해서 수능 때 1등급을 맞고 이 대학에 진학할 수 있었습니다. 주위에서 다 성신 나갔냐고 했죠. 아무와도 의논하지 않고 독단적으로 바꾼 것이었거든요. 생명과학I은 1등급이 아무리 공부해도 나오지 않더라고요. 그러면 화학은 바로 1등급이 나왔을까요? 아닙니다. 다만 저는 화학이 1등급을 맞지 못할 때 다시 바꾸지 않았습니다. 6월에 했던 제 선택이 옳았다고 믿고 계속 공부했습니다.

전략보다 중요한 것은 의지입니다. 자신이 선택한 것이 옳다고 믿는 의지, 끝까지 포기하지 않고 달려 나갈 수 있는 의지가 무엇보다 필요합니다. 수험생들의 그 의지를 응원합니다.

03 프로그래머로 성장하는 데 전문대 진학이 유리할까요?

예비 고3 학생

저는 예비 고3 남학생입니다. 작년까지는 성균관대 소프트웨어학과에 진학하고 싶었으나, 학생부종합전형으로 여기에 진학하기가 어렵다고 판단했어요. 그리고 최근 프로그래머의 취업 우위에 대한 이야기를 듣고 전문대학 진학을 고려하고 있어요. 저는 전문대학에 진학해 프로그래머로 일찍 사회에 진출하고자 하는데, 이에 대해 성균관대에 재학 중인 멘토님의 의견을 듣고 싶어요. 또, 저는 내신이 2점대 후반인데, 이 성적으로 4년제 종합대학에 진학하는 것이 가능할까요?

제가 상담해 드릴게요!

성균관대 소프트웨어학과 23학번 멘토

학생의 고민은 많은 고3 학생들이 진로 선택 시 고려하는 요소들과 매우 유사합니다. 종합대학 진학만이 항상 정답은 아니며, 때로는 목표를 타협하거나 수정하곤 합니다. 학생이 성균관대학교 소프트웨어학과에 진학하고자 했으나, 학생부종합전형의 어려움을 고려해 전문대학교로의 진학을 결정한 것은 현실적인 선택으로 보이네요. 또, 최근 프로그래머의 취업 우위에 대한 이야기를 듣고 전문대학교 진학을 고려하는 것은 시대적 흐름에 민감하게 반응하는 것으로 이해됩니다. 학생의 신중한 결정을 도울 수 있도록 저도 프로그래머에 대한 취업 우위와 대학의 역할에 대한 생각을 공유하겠습니다.

프로그래머는 여전히 취업 우위에 있을까? 💡

프로그래머가 다른 직업에 비해 취업이 용이한 것은 맞습니다. 특히, 코로나 이전에는 개발자 인력의 부족으로 인해 수많은 기업에서 개발자를 채용하는 공고가 있었습니다. 그 결과로 개발자를 양성하는 부트캠프 등의 교육 프로그램이 늘어나면서 많은 프로그래머들이 시장에 나왔어요. 그러나 짧은 교육 기간으로 인해 숙련된 프로그래머는 여전히 부족하지만, 초급 코더들은 과 공급되는 현상이 나타났지요.

현재 취업 시장은 숙련된 프로그래머를 원합니다. 한때 큰 충격을 불러온 초봉 5,000만 원의 채용 공고는 다시 생각하면 5,000만 원을 받을 만한 사람이 아니라면 뽑지 않겠다는 의미로도 해석됩니다. 숙련된 프로그래머가 되기 위해서는 많은 노력과 시간이 필요합니다. 취업 시장은 지속적인 변화를 겪고 있고, 학생이 사회에 나올 때쯤이면 지금과는 또 다른 양상이 펼쳐질 가능성이 큽니다.

학생이 전문대를 고려하는 이유는 일찍 사회에 나가 돈을 벌며 경험을 쌓기 위해서입니다. 학생의 생각대로 최근 프로그래머 고용 시장은 단순한 학력이나 스펙으로만 이루어지는 것이 아닙니다.

2023년 Programmers[1]에서 주최한 채용 담당자 대상 설문조사 리포트에 따르면 개발자 이력서 검토 시간은 10분 미만이며, 업무 경험을 가장 주목한다고 나옵니다. 기술 인터뷰와 코딩 테스트는 많은 사람들이 선호하는 기업일수록 필수적으로 시행한다고 합니다.

"시대 예보-핵 개인의 시대"라는 책에서는 앞으로 학력보다는 실력, 전국 공모전보다는 글로벌 웹사이트에 기고한 글과 같은 것이 더 좋은 경력이 될 것이라고 말합니다. 또한 채용보다는 영입이 대세가 될 것이라고 말합니다. 이를 프로그래머 직업에 대입해 본다면 StackOverflow, GitHub와 같은 오픈소스 커뮤니티에 기여를 해야 합니다. 이들 커뮤니티에는 세계 최고의 프로그래머들과 헤드 헌터들이 활동하고 있습니다. 이런 커뮤니티에서 인정받는다면 추천을 통해 좋은 기업에 영입될 기회가 찾아올 수 있습니다. 이는 전문대, 종합대 어디를 가더라도 프로그래머로서 평생 수행해야 할 과제입니다.

취업 시장 경쟁자는 4년제 대학 취준생이다 💡

제 소견으로는 학생이 4년제 종합대에서 자신을 돌아볼 수 있는 시간을 가졌으면 합니다. 프로그래머로서 성장하길 마음먹었다면 그 뿌리를

---

1) Programmers. https://programmers.co.kr/pages/2023-recruiting-survey

탄탄히 할 시간이 필요합니다. 대학은 자신의 역량을 개발하고 프로그래밍의 다양한 분야를 탐구할 수 있는 공간입니다. 전문대는 교육과정이 2년으로 편성돼 있어서, 4년제 종합대를 다니는 또래 친구들보다 사회에 2년 일찍 나오는 것은 큰 장점입니다. 하지만 취업 시장에서 경쟁해야 할 상대는 또래가 아닌 4년제 종합대의 취준생임을 간과하면 안 됩니다. 만약 학생의 프로그래밍 실력이 고등학생 수준을 뛰어넘었다면 전문대를 통한 빠른 사회 진출이 유효하지만, 고등학교 수업에서 배운 코딩 실력 정도라면 고용시장에서 경쟁력이 없습니다.

빠른 취업을 원한다면 국비 지원 부트캠프에 지원하는 것도 추천합니다. 42Seoul, 소프트웨어마에스트로 등 공신력 있는 부트캠프는 대학생들도 지원을 합니다. 해당 루트는 학비에 대한 부담도 덜고, 학생이 원하는 빠른 사회 진출에 도움이 될 것입니다.

똑똑한
학생부 분석법 💡

학생부종합전형은 내신도 중요하지만, 학생부에 기재된 내용이 대학의 인재상과 얼마나 부합하는지가 굉장히 중요합니다. 학생부 세부능력 및 특기사항(세특)의 우수도를 4레벨로 나눠서 평가해 보려고 합니다. 각 레벨 평가는 다음과 같아요.

레벨1 학생부 내용에 내가 직접 한 활동을 서술한 것이 없다.

ex) 성실하게 수업에 임함. 사회성이 좋음. 모범생임.

레벨2 학생부 내용에 내가 한 활동이 1~2줄 들어가 있다. 대부분 학교 수업 시간에 한 활동이다.

ex) 학급에서 진행하는 ○○발표시간에 □□에 대해 친구들에게 알기 쉽게 알려줌.

레벨3 학생부 내용에 내가 한 활동이 대부분이다. 다만 아이디어가 없거나 전문성이 낮다.

ex) 그리디 알고리즘에 대해 조사함. 그리디 알고리즘으로 문제를 푸는 과정을 친구들 앞에서 보여줌.
ex) HTML, CSS, JS, React.js를 사용해 학급 건의함을 제작함. 학급의 운영이 더욱 수월해짐.

레벨4 학생부 내용에 내가 한 활동이 대부분이다. 전문성을 기반으로 나만의 시각을 드러낸다.

ex) 학교 친구들이 방과 후 항상 저녁 메뉴를 고민하는 것을 보고 HTML, CSS, JS, React.js를 사용해 학교 주변 맛집 추천 웹사이트를 제작함. 파이썬을 사용해 학교 주변 음식점의 정보를 크롤링했고 코사인 유사도로 리뷰가 비슷한 음식점을 찾아 추천해 줌. 추천의 만족도를 높이기 위해 다음 학기에 팀을 꾸려 NLP, 추천시스템, 웹앱으로 파트를 나누었고 ~~~. 결과적으로 ~~한 부분이 아쉬웠고 추후 대학에서 더 깊이 연구해 서비스 개선을 목표로 함.

학생은 레벨1이 20%, 레벨2가 80%, 레벨3이 10%라고 대답했습니다. 더 자세하게 설명을 들어보니 학생부종합전형으로는 높은 대학에 진학하기 어렵다는 판단이 됐습니다. 수시 종합전형보다는 수시 교과전형이나 정시를 노려보는 것이 더 유리할 것이라고 답해주었습니다.

다른 학생들도 자신의 학생부를 위의 4레벨에 대입해 객관적으로 분석해 보기를 추천합니다.

04 고2, 탐구과목 똑똑하게 선택하려면?

고2 학생

> 요즘 탐구과목을 선택해야 하는 시기예요. 저는 자연계열 학과를 지원하고 싶은데 물리, 화학, 생명과학, 지구과학 중 모두 과학탐구 과목으로만 선택할지, 아니면 사회탐구 한 개를 넣을지 고민 중입니다.
>
> 식품과학부나 식품공학부에 지원하려고 하는데, 요즘은 학부 선발이나 자율전공 선발이 많아서 이것도 고민입니다. 이와 관련한 정보도 궁금합니다.

제가 상담해 드릴게요!

부경대 식품과학부 22학번 멘토

문·이과 통합 제도가 생기면서 선택과목에 대한 고민을 하는 학생들이 참 많습니다. 저는 이 제도가 생긴 해에 고등학교 2학년에 올라갔었기에, 저도 비슷한 고민을 해봤고 주변에서도 많은 이야기들을 들었어요. 지금 내가 고르는 과목이 대학 입시에까지 영향을 줄 것이기 때문에, 선택과목을 고를 때 고민을 할 수밖에 없다고 생각해요. 특정 탐구과목에 가중치를 두는 등 대학마다 전형 방식이 조금씩 다르다는 점도 탐구과목 선택에서 학생들이 어려움을 많이 느끼는 이유가 됩니다.

선택과목
유리하게 택하는 법 💡

일단 우리에게 가장 중요한 것은 대학 입시이기 때문에 각 대학, 학과의 지침을 살펴보는 것이 최우선으로 할 일이에요. 본인이 희망하는 대학과 학과가 있다면 그 대학의 입학처 홈페이지로 들어가서 입시 요강을 살펴보고, 선택과목 지정이나 특정 과목에 대한 가산점 등의 규정이 있는지 확인해 봐야 합니다. 대학에서 선택과목에 따른 기준을 올려놓는 이유는 같은 과목에서 낸 성적을 보고 학생들을 뽑으려는 의도도 물론 있겠지만, 나중에 입학한 후 학과에서 배우는 수업이 그 과목들과 연계돼 있기 때문입니다. 따라서 입시 요강에 선택과목에 따른 어떠한 규제가 없다 하더라도 학과와 관련된 과목을 듣는 게 나중에 본인에게 유리할 거예요.

식품공학과로 예를 들자면 화학을 중점적으로 배우고, 여기에 물리와 생명과학이 조금씩 추가됩니다. 그러니 관련된 과학 선택과목을 고등학교에서 미리 배우고 오는 것이 도움이 될 것입니다. 아무래도 고등학교 때 들어본 내용들을 대학에 와서 좀 더 깊게 배우는 것이 맨땅에 헤딩하는 것보다는 유리할 테니까요.

만약 어떤 탐구과목을 선택해도 큰 문제가 없다면, 그 다음으로 추천하는 방법은 본인의 흥미와 성적에 따라 탐구과목을 선택하는 것입니다. 이것은 말 그대로 고등학생 때의 성적을 고려하라는 이야기입니다. 일단 내가 흥미롭다고 생각해야 공부할 마음이 생기고 한 번이라도 더 쳐다보게 마련이니까요. 그리고 같은 시간을 투자해도 흥미 있는 과목의 성적이 더 잘 나오잖아요.

흥미와 성적, 진학하려는 희망 학과가 모두 비슷하다면 좋겠지만, 그렇지 않은 경우도 많아요. 탐구과목 선택은 워낙 개인에 따라 처해 있는 상황이 다르고 정답이 정해져 있는 것이 아니므로, 제가 추천하는 방법 말고도 여러 상황을 고려해 보고 자신에게 가장 적합한 과목을 선택하길 바랍니다.

학부 선발? 자율전공?

제가 다니는 부경대학교는 1학년 때 학부로 지내는 방식이라 그런지, 학생들로부터 학부에 대한 질문을 자주 받았어요. 특히 고등학생 입장에서는 학부라는 개념이 익숙하지 않을 테니 정보에 더 목말라 있을 거예요.

'학부'란 학과의 통합 버전이라고 생각하면 쉬워요. 1학년 때는 학부로 지내고, 2학년으로 올라가면서 학과를 선택하기 때문에 2학년 때부터 전공이 정해진다고 보면 돼요. 식품과학부를 예로 들면, 1학년 때에는 식품과학부로 배우지만 2학년 때에는 식품영양학과, 식품공학과 중 전공을 선택해야 합니다.

1학년 때에는 식품과학부에서 해당 전공에 필요한 기초적인 내용을 넓게 배울 수 있어요. 그러다가 2학년 때부터 식품영양학 전공에서는 생화학, 식품화학, 생리화학, 식품위생학, 영양학 등을 주요 과목으로 배우며, 식품공학 전공에서는 식품을 구성하는 성분의 기능과 가치, 식품 가

공과 저장에 관한 지식에 대해 배우고 실험과 실습도 합니다.

학부의 가장 큰 장점은 대학에서 전공하고 싶은 분야는 대략 정했지만 아직 구체적으로 어느 학과를 선택할지 확실히 결정하지 못한 경우에, 일단 해당 분야를 넓게 배워 보고 나서 구체적 전공을 정할 수 있다는 것입니다. 고등학생 때는 진로를 탐색하는 데 한계가 많았지만, 대학에 입학하면 학부에서 전공과 진로에 대한 직접적인 이야기들을 많이 들을 수 있답니다. 또한, 배우는 내용만큼이나 사람도 다양하게 만날 수 있어서 식견이 넓어질 수 있다는 것도 학부만의 장점이라고 생각합니다.

한편, 요즘 크게 늘고 있는 '자율전공' 선발은 두 종류로 나눌 수 있어요. 첫째는 입학한 계열 단과대 내에서 전공을 선택할 수 있는 선발 방법이에요. 학부 선발과 비슷한데, 학부 선발이 단과대 선발로 확장됐다고 생각하면 됩니다.

둘째는 입학 후 의대나 사범대만 빼고 대학 내 어느 학과·전공이든 선택할 수 있는 선발 방법이에요. 진로를 명확히 하지 못한 학생들에게 유리한 방식이지만, 2학년 때 지망할 학과가 소위 인기 학과라면 학생 쏠림 현상으로 그만큼 경쟁이 심할 것이란 점을 유념해야 합니다.

05 '정시 파이터' 고2, 멘탈이 흔들립니다

고2 학생

약학과를 목표로 하는 고2입니다. 중학교 때까지 공부를 잘했는데 저희 고등학교가 주변에서는 잘하는 학교라, 1학년 때 내신을 놓치고선 정시로 방향을 잡았어요. 처음에는 모의고사 성적이 잘 나왔는데, 사춘기가 오면서 공부를 좀 놓았더니 모의고사 성적이 떨어졌습니다. 그래도 다시 공부를 시작해서 하루 10시간 정도 하고 있는데, 이전처럼 성적 (특히, 영어)이 잘 나오지 않네요.

저는 돌아가면서 공부가 잘되고 재밌는 과목을 파고들면서 공부를 하고 있어요. 그래서 요즘 수학 공부가 잘돼서 수학 문제를 열심히 풀다 보니, 다른 과목 성적이 떨어져 제자리걸음이더라고요. 성적이 전교권인 친구와 같이 공부를 해서인지 조바심이 더 느껴집니다. 옆에 있는 친구보다 공부를 못하는 제가 약대를 갈 수 있을지 모르겠어요. 제 미래와 직결된 공부이다 보니 친구들도 멀리하게 돼 외롭기까지 합니다.

제가 상담해 드릴게요!

연세대 약학과 18학번 멘토

학생처럼 사춘기에 방황을 하다가 공부를 멀리하는 학생들이 많은데요. 그래도 너무 오랜 시간을 놓치지 않고, 최근에는 마음을 다잡고 공부시간을 10시간까지 늘린 것은 참으로 다행이면서도 대단해 보입니다. 1학년 때 내신을 놓쳤기 때문에 약학과를 수시로 노리기는 어려운데요. 자신의 상황을 냉정히 평가하고, 목표 학과를 가기 위해 입시 준비 방향을 빠르게 결정한 것도 잘한 선택으로 보입니다.

학생이 주변 친구보다 공부가 뒤처진 상황에서 좋은 대학에 갈 수 있을지 걱정하는 마음도 이해가 됩니다. 공부에서 손을 놓았던 시간에 대한 안타까움과 후회, 그리고 이전에 비해 낮아진 성적, 공부를 잘하는 주변 친구로 인해 느껴지는 조바심, 게다가 수능 날짜가 점점 다가오는 것에 대한 두려움…. 이런 감정을 방치한 채로 있으면 정신적으로 지칠 수밖에 없고, 스스로를 갉아먹게 될 것 같습니다.

'정시 파이터'에게 필요한
멘탈 관리법 💡

공부는 공평한 면이 있어서, 쉬면 성적이 내려가고 열심히 하면 오릅니다. 학생이 방황하던 시기에 다른 사람들은 공부를 해왔기 때문에, 상대적으로 공부를 덜 했던 학생의 성적이 이전보다 떨어지는 것은 피할 수 없는 결과입니다. 지금 공부를 다시 열심히 하고 있더라도, 그동안의 공백을 메우기가 쉽지 않고, 평가 방식이 상대평가이다 보니 성적 상승은 더딜 수밖에 없습니다.

흔들림 없이 공부를 꾸준히 해 온 친구들보다 더 열심히, 더 많이 공부해야 성적이 오르기 때문에 성적을 올리기가 그만큼 어려운 것이죠. 한때 공부에서 손을 놓았던 일은 참으로 후회가 되겠지만, 이를 냉정하게 인정하고 교훈으로 삼아 앞으로 나아가세요.

공부를 할 때 조바심이 나는 것은 당연합니다. 이때, 그 감정을 자신에게 유리한 쪽으로 활용하면 좋겠습니다. '조바심'은 감정적으로 자신을 힘들게 하지만, 이를 잘만 활용하면 남들보다 더 절박한 마음에 더 열심히 공부하게 해주는 원동력이 되기도 합니다. 어느 정도의 타임 어택은 과제를 할 때 엄청난 효율을 이끌어주는 것과 같아요. 그러니 조바심에 대한 인식을 조금 바꿔서, 공부할 의지를 다지는 강력한 원동력으로 삼으면 어떨까요?

공부를 잘하기 위해서는 앉아서 열심히 책 보는 시간만 늘리면 된다고 생각할 수 있지만, 멘탈도 강해져야 합니다. 흔들리는 마음이 생기거나 아프거나 공부가 힘들더라도, 어떻게든 책상에는 앉아 있을 수 있는 인내심과 정신력이 수능 날까지 필요합니다. 이런 정신력도 실력이고 공부를 하는 과정임을 인식해 마음을 다잡을 수 있도록 노력하면 좋겠습니다.

실제로 고3이 돼서 걱정이 많아지고, 특히 수능이 코앞에 다가오면 체력 관리가 안 돼 몸이 아프기 일쑤입니다. 부담감으로 인해 멘탈이 흔들리는 친구들과 미리 자포자기를 하는 친구들도 보입니다. 하지만 수능 전날까지도 흔들리지 않고 꾸준히 공부하는 학생들은 결국 성적 상승을 만들어냅니다. 결국 강한 정신력을 키우는 것 또한 성적 상승을 위해서 꼭 필요한 부분입니다.

바른 멘탈을 유지하기 위한 좋은 방법은 힘든 노력의 과정을 마치고 얻게 될 보상과 만족감을 떠올려 보는 것입니다. 게임을 해보면 게임에서는 즉각적인 결과와 보상이 나오니까 더 재미를 느끼고 게임에 몰입하게 됩니다. 예를 들어 RPG라는 육성 게임은 즉각적인 성장이 눈에 보이기 때문에 모두가 즐겁게 몰두할 수 있어요. 하지만 공부는 그렇지 않지요. 공부는 즉각적 성장이 보이지 않기 때문에 더 힘든 것이고, 더 힘든만큼 목표로 했던 것을 성취했을 때 게임보다 더 값진 결과물과 뿌듯한 감정을 얻을 수 있습니다.

과목별 균형 맞춘
학습 필요 💡

공부를 하다 보면, 그날그날 공부가 잘되는 과목이 있다 보니 어떤 한 과목을 잡고 하루 종일 하는 것이 효율적일 수도 있습니다. 또, 잘 되다 보니 재미까지 느끼게 됩니다. 이렇게 공부하는 것이 나쁜 방법이라고 할 수는 없습니다. 하지만 지금 학생은 어떤 과목에 치중해 다른 과목을 소홀히 해서 전체 성적에서는 제자리걸음을 하고 있기 때문에, 이런 공부 패턴은 바꾸는 것이 좋습니다.

이는 정시를 준비하는 학생들이 흔히 겪고 있는 일인데요. 정시 대비 학습을 할 때 놓치기 쉬운 것이 '밸런스'입니다. 많은 학생들이 자신이 못하는 과목엔 흥미가 없어서, 시간을 덜 투자하고 열심히 하지 않지요. 영어가 약점이라면, 오히려 이 과목을 더 집요하게 잡고 늘어져야 성적이 오를 수 있습니다.

한편으로, 과목별로 돌아가며 흥미를 갖는 점은 흥미가 아예 안 생기는 것보다는 훨씬 낫습니다. 다만, 이렇게 흥미가 있는 하나의 과목에만 치우쳐서 공부 시간을 분배하게 되면, 그 과정에서 다른 과목의 성적이나 문제 풀이 감각이 떨어진다는 점을 유의해야 합니다. 그러니 과목별 균형을 위해 어느 과목은 언제 몇 시간 공부한다는 식으로 균형 잡힌 학습 계획을 세워서 공부하는 것을 권해 드립니다. 그러기 위해서는 다이어리나 달력, 휴대폰 메모장 등에다 자신만의 공부 스케줄을 짜고, 그 계획에 맞춰서 공부하려고 노력해야 합니다.

수험 생활은 변수가 많기 때문에 앞으로 더 커질 부담감을 잘 견디면서 계획성 있게 공부하면 역전의 기회를 얻을 수 있을 것입니다. 자신이 원하는 목표를 생각하면서, 그리고 그 목표를 이뤄냈을 때의 보상과 뿌듯함을 떠올리면서, 힘들어도 인내하며 계속 공부하길 응원합니다. 흔들리는 마음을 다잡고 강한 정신력을 유지하면서 어느 한 과목에 치우치지 않고 균형 잡힌 학습 계획을 세워서 공부한다면 좋은 결과가 있을 것이라고 확신합니다.

'든든 서포터' 되는
학부모 멘토링

PART 2

멘토 | 평범엄마 박원주

'우리 아이 인서울 대학 보내기' 저자

제 1 장

학부모가 꼭 알아야 할
학업·입시 코칭법

❶ 고1 아이, 신학기 플랜 짜려면?

일반고 고1 여학생 학부모

제 딸은 일반고에 갓 입학한 고1이에요. 중학교 때 전 과목이 우수했고 나름대로 공부에 자신 있는 아이이지만, 주변에서 고등학교에 가면 성적이 떨어진다는 얘기를 워낙 많이 들어서 그런지 고등학교 입학 전부터 긴장을 많이 하고 있어요. 입학 첫날부터 공부에 대한 부담감과 고등학교 생활을 잘 해낼 수 있을지에 대한 불안으로 초조해하는 아이를 보고 있자니까, 마음이 짠하네요.

첫 아이라 주변 지인의 훈수 외에는 아무런 전략도 없이 아이의 고1 3월을 함께 맞이하고 있으니까 아이에겐 내색하지 않았지만 부모로서 걱정이 태산입니다. 고1 아이가 신학기를 어떻게 보내고 어떤 플랜으로 올 한 해를 보내면 좋을까요?

제가 상담해 드릴게요!

박원주 '평범엄마' 멘토

제 아이도 고1 때 극심한 긴장감과 스트레스를 받으면서 힘겹게 3월을 보냈던 기억이 나네요. 고교 신입생이라면 누구나 이맘때면 고등학교라는 새로운 환경에 적응하는 과정에서 불안감과 압박감을 느끼게 되지요.

고등학교에 올라가면 학교생활에서 많은 것이 달라져요. 고교 신입생들에게는 중학교보다 1시간 정도 빨라진 아침 등교 시간이 참으로 적응하기 힘든 일이죠. 게다가 입학 첫날부터 정상 수업을 하는 고교도 많고, 중학교보다 수업 스케줄이 더 빡빡하고 방과후 수업이나 야간자율학습 등으로 인해 더 오랜 시간 학교에 머물게 됩니다. 그리고 출신 중학교 인근의 고교에 입학한 경우에는 반에 알고 지내는 아이들이 있을 수 있지만, 비교적 원거리로 배정된 경우나 자사고에 입학한 경우에는 반에 아는 친구가 한 명도 없을 수 있어요.

이런 낯선 환경에 놓이게 되면 친구 없이 급식을 혼자 먹는 아이들도 있고 전학생 같은 외로움을 느끼면서 옆자리의 아이가 모두 나보다 공부 잘하는 경쟁자로 보여서 마음의 문을 쉽게 열지 못하지요.

게다가 고1 학생들은 학습적으로도 많은 어려움을 겪어요. 과목별로 한층 전문화되고 심화된 내용을 배워야 하고, 고교 내신시험 준비에다 수행평가와 각종 학교 활동까지 우수하게 해내야 하니까 매 순간이 긴장의 연속이죠.

그래서 고교 입학 첫 달은 아이들이 학교생활 적응만으로도 정신적으로나 육체적으로 힘든 시기입니다. 3월 말쯤 되면 긴장이 풀리면서 쌓였던 피로가 한꺼번에 몰려오다 보니, 반마다 아픈 아이들이 많더군요. 게다가 3월에는 일교차가 커서 아침저녁으로 쌀쌀하므로 자녀들의 환절기 건강 관리도 신경 써야 합니다.

내신 관리를
최우선으로 💡

　고1이 된 자녀가 신학기를 어떻게 보내면 좋을지 제안을 드릴게요. 먼저, 고1 학생은 내신 관리를 철저히 하는 것이 우선입니다. 고등학교에서는 시험 기간이 따로 없어요. 평소에도 국·영·수 등 주요 과목은 예습·복습을 해야 하고, 내신 5주 전부터는 사회나 과학 과목 등 전체 과목에 대해 좀 더 집중적으로 공부해야 합니다.

　고교에서는 과목별로 공부해야 할 양이 많고 내신 시험 범위도 방대하기 때문에, 시험 범위 전체를 한 번이라도 제대로 공부하고 시험을 치르는 것조차 쉽지 않은 실정입니다. 따라서 고1 학생들이 꼭 알고 있어야 할 것은 중학교 내신 준비에 했던 정도의 노력과 시간 투자로는 고교 내신 준비를 제대로 해낼 수 없다는 사실입니다. 중학교 내신에서는 벼락치기 공부가 통했을지 모르지만, 고등학교 내신에서는 절대 통하지 않아요. 벼락치기로 공부하는 습관을 바꿔야만 고교에서 원하는 내신을 받을 수 있습니다.

혼자 공부하고
정리하는 시간 필수 💡

　그다음으로 학생 자신이 혼자 공부하고 정리하는 시간을 반드시 확보해야 합니다. 학생이 학교 수업에서 배운 내용이든, 학원이나, 인강, 과외에서 배운 내용이든, 그날 배운 내용은 반드시 혼자서 복습하는 시간을 가져야 해요.

아무리 실력 있는 선생님의 수업을 듣고 있다 하더라도 아이 본인이 혼자서 복습하고 정리하지 않으면 배운 내용을 자신의 것으로 흡수하지 못하기 때문입니다.

학생부 관리도 중요

내신 못지않게 학생부 관리도 신경 써야 해요. 특히, 수시 학생부종합전형을 염두에 두고 있는 학생이라면 더욱 학생부 관리가 중요합니다. 각 교과목 선생님들이 써 주시는 세부능력 및 특기사항(세특) 기재가 잘 되도록 하려면 수업에 충실히 임하면서 발표나 수행평가 등에서 깊은 인상을 주고 우수성을 드러내야 합니다. 그러려면 수업 태도와 과제 발표 등에 신경을 좀 더 써야 하며, 수행평가 과제를 완성도 높게 하는 등의 노력이 필요해요. 고1 학생들은 동아리 활동과 진로 활동 등의 학교 활동에도 신경을 써야 해요. 이런 학교 활동을 통해서 자신의 특기, 개성, 진로 역량, 전공에 대한 관심, 전공 적합성, 계열 적합성, 그리고 진로 탐색 의지 등을 어필해야 합니다.

바뀌는 입시제도
숙지 필요 💡

   현재 고1 학생들은 2027학년도 대입을 치르게 되므로, 학부모님들은 2027학년도 대입부터 바뀌는 입시제도에 대해서도 어느 정도는 파악하고 계시는 것이 좋겠습니다. 보통 3월 하순경에 각 고교에서 학부모총회 겸 대입설명회를 개최해요. 부모님께서는 자녀의 소속 고교의 대입설명회나 학부모총회에는 반드시 참여하셔서 그 고교의 입시 실적과 각종 정보를 입수하세요. 그리고 주변 유명학원이나 대형학원 등에서 열리는 대입설명회도 자주 참여하세요. 학생이 고3이 돼서야 입시에 관심을 가지실 것이 아니라, 고1부터 입시에 관심을 가지시고 여러 설명회를 다녀 보세요. 생소했던 입시 용어도 익숙해지고 정보를 취사선택하는 안목도 커집니다. 부모님께서 틈틈이 시간을 내셔서 자녀에게 맞는 입시 정보와 아이디어를 얻으시길 권해 드려요.

   고1 자녀분이 학교생활에 잘 적응하고 학업에 매진하면서 고교 첫해를 훌륭하게 시작하길 응원합니다.

⑫ 고1 아이, 내신 시험 어떻게 대비시키죠?

일반고 고1 남학생 학부모

제 아들은 일반고에 다니는 고1인데요. 중학교 때까지는 전 과목을 골고루 잘하는 편이라 큰 걱정을 하지 않았어요. 그런데 고등학교 내신 잘 받기는 정말 힘들다고 들어서 어느 정도 마음의 준비는 하고 있지만, 그래도 성적이 심하게 떨어지는 건 아닐까 하고 불안해요. 고등학교에 올라와서 첫 내신 시험이 4주 정도 남아 있는데, 어떤 전략을 가지고 첫 내신 시험을 치르면 좋을까요?

제가 상담해 드릴게요!

박원주 '평범엄마' 멘토

고1 자녀를 둔 학부모님들이라면 '고등학교에 가면 성적이 많이 떨어진다더라.', '고등 내신 잘 받기가 너무 힘들다더라.' 등등 주변 지인들로부터 이런 얘기들을 귀가 따갑게 들으셨을 거예요. 그래서 어느 정도 마음의 준비를 했다고 생각하지만, 막상 눈앞에 현실로 다가오면 다들 힘들어하십니다. 특히, 고교 첫 내신 시험은 아이들이 많이 긴장을 하면서 치르게 되는데요. 이럴 때 조금이라도 도움이 되는 정보나 전략이 절실하게 필요하지요. 제 아이 때 경험을 통해 몇 가지 팁을 알려드릴게요.

내신 기출에서
출제 경향을 파악하라 💡

　자녀의 학교 홈페이지에서 과목별 내신 기출문제를 뽑아서, 학교의 과목별 내신 출제 경향을 파악하는 것이 먼저 필요합니다. 고교마다 내신 출제 경향은 조금씩 달라요. 같은 영어 과목이라 하더라도, 문법을 좀더 많이 강조해 영어 시험 문제를 출제하는 학교가 있는가 하면, 문법보다는 독해 문제만 주로 출제하는 학교가 있어요. 또한 영어 서술형 문제의 비중이나 배점을 높게 책정하는 학교가 있는가 하면, 서술형 문제는 조금만 내고 선다형 문제를 주로 내는 학교가 있어요. 그리고 서술형 문제 중에서도 영어 작문을 요구하는 비교적 어려운 문제를 출제하는 학교까지 있지요. 이렇게 고교마다, 그리고 과목마다 내신 출제 경향이 모두 다르기 때문에 학생이 학교의 과목별 내신 스타일과 출제 경향을 미리 파악해 보고 이러한 출제 스타일에 맞춰서 공부하고 내신을 준비해야 합니다.

최대한 일찍
내신 준비를 시작하라 💡

　고교 내신 시험은 범위가 광범위하고 공부하는 데 시간이 많이 걸리므로 이에 대한 대비가 있어야 합니다. 중학교와는 달리 고교에서는 시험 출제 범위가 상당히 넓어서 과목별로 시험범위 전체를 한 번이라도 꼼꼼히 공부하고 시험을 보기조차 벅찬 실정이에요. 고교 교과목들은 내용이 깊고 어려운데다 시험 범위까지 넓다 보니 시험 공부하는 데 예상보다 훨씬 더 많은 시간이 소요됩니다.

이러한 상황을 감안해 최대한 일찍부터 내신 공부를 시작해야 해요. 달력이나 수첩에 과목별 공부 계획을 짜서 일정에 맞춰 가면서 내신 준비를 해야 합니다. 또한, 내신 시험 범위가 발표되고 난 후에 그제야 공부를 시작할 것이 아니라 평소에 주요 과목은 미리 복습 위주로 공부하면서 예상 시험 범위에 대한 선제적인 공부도 필요해요. 이렇게 해야만 빠듯한 시험 일정을 맞출 수 있고 과목별로 적어도 두 번은 공부하고 시험을 볼 수 있습니다.

시험 4주 전부터는 탐구과목 대비 💡

사회나 과학 과목들도 시험 시작 4주 전부터는 집중적인 공부가 필요해요. 일반적으로 고교에서 국·영·수 과목이 가장 비중이 높은 것은 사실이지만, 고교 내신에서 2단위 혹은 3단위 과목인 사회나 과학 계열의 과목들도 대단히 중요합니다.

국·영·수 과목은 시험 기간과 관계없이 평소에도 꾸준히 복습해야 하는 과목이지만, 사회나 과학 과목은 평소엔 따로 공부하지 않더라도 시험 4주 전부터는 반드시 시험 준비를 해야 합니다. 중학교 때처럼 사회나 과학 과목을 시험 2~3주 전부터 슬슬 공부한다면, 고등학교 내신에서는 사회, 과학에서 절대로 원하는 내신 등급을 받을 수 없어요. 고등학교에서는 사회, 과학 과목들이 내용도 깊어지고 수준도 높아져서 공부하기가 어렵고, 시험 범위도 넓어서 단기간에 시험공부를 해낼 수 없기 때문입니다.

고교 내신에서 낭패를 보는 대표적인 사례가 내신 기간에 국·영·수 위주로만 공부하고 사회와 과학 과목들을 등한시하다가, 사회와 과학을 뒤늦게 공부하려 보니 준비 시간이 부족해서 탐구과목 시험을 잘 보지 못하는 경우입니다. 따라서 사회나 과학 과목에 대해서도 충분한 시험공부 시간을 확보해야 합니다.

시험 1주 전부터는
1단위 과목 대비 💡

시험 기간에 국·영·수 과목 같은 3~4단위 과목이나 사회·과학 등의 2~3단위 과목을 공부하느라 많은 시간을 할애하다 보면, 자칫 1단위 과목 시험공부를 소홀히 하기 쉽습니다. 그러다 보면 결국 이 1단위 과목은 시험 치르는 바로 전날에 처음으로 공부하게 되는 경우가 많아요.

이 1단위 과목도 공부하는 데 시간이 꽤 많이 걸리기 때문에, 이 과목을 공부하느라 밤샘을 하기도 합니다. 이렇게 시험 전날 밤샘을 하게 되면, 다음날 같이 시험 보는 수학이나 영어 시험에 악영향을 끼칠 우려가 있어요. 수학이나 영어 시험에서는 고도의 집중력이 필요한데, 시험 전날 수면이 부족하면 집중력이 흐트러져서 계산 실수를 연발하거나, 독해나 청해가 잘되지 않아서 주요 과목 내신을 망치는 결과로 이어질 수 있는 거죠.

따라서 1단위 과목도 시험 1주 전 정도에는 반드시 한 번은 공부해 두어서 시험 전날에 이 과목을 복습하는 데 최대한 시간이 적게 들도록 해야 합니다.

03 내신 안 나오는 고2, 수시 포기시킬까요?

지방 일반고 고2 남학생 학부모

제 아들은 지방 일반고에 다니는 고2인데요. 나름대로 열심히 공부하는데도 성적이 잘 안 나와요. 고1 때 내신 평균은 3.5등급이었고, 모의고사에서는 국어·영어·탐구 2등급, 수학만 3등급 정도 나왔어요. 이제 곧 1학기 중간고사를 치러야 하는데, 작년처럼 내신 성적이 예상보다 안 나올까봐 벌써부터 겁을 먹고 불안해하네요. 중간고사 공부하기도 빠듯한데 과목별 수행평가는 왜 이리 많은지요? 중간고사 공부하랴, 수행평가 하랴, 활동하랴, 아이 몸이 열 개라도 모자라네요.

아들은 이번 중간고사 성적이 잘 안 나오면 차라리 수시를 포기하고 수능 공부나 할까 하고 고민을 하더군요. 고2 1학기 시작한 지 얼마 되지도 않았는데, 수시를 포기하고 정시에 집중해도 될까요?

제가 상담해 드릴게요!

박원주 '평범엄마' 멘토

수시냐, 정시냐 하는 갈림길에서 많은 학생들이 선택의 기로에 놓이게 됩니다. 저 역시도 제 아이가 고2였을 때 수시에 집중하게 할지, 아니면 정시에 올인하게 할지를 고민했어요. 특히 자녀의 노력에 비해 고교 내신 성적이 기대만큼 잘 나오지 못한 경우, 수시와 정시 사이에서 고민이 더욱 깊어지게 되지요. 이런 중요한 선택 앞에서 조금이라도 도움이 되어 드리기 위해 수시와 정시 모집 비중, 내신 성적, 비교과 활동 및 모의고사 성적 추이 등 여러 가지 판단 기준을 알려 드리겠습니다.

수시·정시 모집 비중을 체크하라 💡

첫째, 자녀가 치르게 될 대입의 수시 모집과 정시 모집 비중을 반드시 체크해야 합니다. 수시와 정시로 선발하는 인원수가 어느 쪽이 얼마나 더 많은지에 대한 정보를 파악하고, 조금이라도 더 선발 인원이 많은 쪽을 선택하는 것이 유리하기 때문이죠.

2025학년도 대입에서 전국 대학을 기준으로 하면 수시와 정시의 비율은 수시가 79.6%, 정시가 20.4%로 수시 비중이 역대 최대치를 찍었습니다. 그러나 서울 주요 대학의 정시 선발 비율은 40% 정도입니다. 개중에는 정시 선발 비중이 40%가 훨씬 넘는 대학들도 있어요. 이런 추세는 2026학년도 대입에서도 크게 다르지 않을 것이라 생각합니다.

서울 주요 대학에서는 정시전형으로 선발하는 인원수가 수시전형으로 선발하는 인원수 못지않게 많기 때문에, 내신을 잘 챙기지 못해 수시전형에서 불리하다고 느끼는 학생들이 정시에 집중했을 때 상당한 승산이 있다고 말할 수 있어요.

하지만 지방 대학의 경우는 사정이 완전히 다릅니다. 지방권 대학에서는 정시 비중보다 수시 비중이 압도적으로 높아요. 그리고 이런 추세는 학생이 대학을 가는 시기에도 비슷할 것이라고 생각해요. 지방 대학에서는 전체 모집인원의 80%가량을 수시에서 선발하는 상황이므로, 지방권 대학을 염두에 두신다면 내신이 만족스럽지 못한 상황이라 하더라도 수시 지원을 고려해야 합니다.

서울권 주요 대학의 경우 정시 증가 추세는 일부 있지만, 그래도 여전히 수시 비율은 전체 선발 인원의 절반을 넘습니다. 그리고 지방 대학의 경우는 수시 비중이 정시에 비해 훨씬 높아요. 따라서 특별한 경우가 아니라면 수시를 절대 놓쳐서는 안 됩니다.

내신 성적을
최우선으로 고려하라 💡

둘째, 수시냐 정시냐를 선택할 때 가장 먼저 고려할 점은 고교 내신 성적입니다. 학생은 고1까지 내신이 3등급 중반대이므로 앞으로 성적을 조금 더 올릴 가능성이 있습니다. 그러니 아직은 수시 카드를 내려놓지 않기를 권해 드립니다.

많은 입시전문가들이 내신과 모의고사 성적으로 유불리를 살펴보고, 수시든 정시든 한 템포 빨리 정하라고 권하고 있습니다. 하지만 제가 직접 제 아이 때 입시를 경험해 보니 그런 일반론이 적용되지 않는 경우도 많더군요.

학교 내신 기간에 주변 학생들이 내신 공부에 집중할 때, 본인만 이를 무시하고 수능 공부에 몰입하는 것은 사실 쉬운 일이 아니죠. 멘탈 관리가 엄청나게 잘 돼 있는 아이가 아니라면, 주변 친구들이 다들 내신 공부할 때 자신은 내신을 접고 다른 공부를 하는 게 옳은 선택인지 매 순간 갈등하고 마음이 흔들릴 것입니다. 그리고 내신에서 좋은 결과를 내지 못하는 학생들은 내신보다 훨씬 범위가 넓고 더 어려운 모의고사나 수능에서 좋은 결과를 내는 것이 더욱 힘든 것이 현실이기도 합니다.

비교과 활동 수준을 판단하라

셋째, 학생의 비교과 활동이 우수한지를 고려해 수시에서의 유불리를 판단해야 합니다. 수시에서 내신이 압도적으로 중요한 것은 사실이지만, 수시 학생부종합전형에서는 내신 못지않게 비교과 활동도 중요시됩니다.

학생의 내신이 살짝 아쉽더라도 동아리활동, 진로활동, 자율활동 등 비교과 활동을 우수하게 진행해 왔고 그런 인상적이고 특색 있는 활동 내용이 학생부에 상세하고 충실하게 기재돼 있다면, 수시 학생부종합전형에서 내신의 열세를 어느 정도 보완해 줄 수 있습니다.

수시와 정시를 선택하는 기준으로 내신만 고려할 것이 아니라 비교과 활동의 수준과 충실도를 함께 고려해 수시에서의 유불리를 판단한 후 수시와 정시 어느 쪽에 집중할지를 정하시면 됩니다.

모의고사 성적 추이를 분석하라 💡

넷째, 학생의 모의고사 성적 추이를 살펴보고 정시에서 더 나은 결과를 기대할 수 있을지 판단해야 합니다. 모의고사 성적이 내신보다 훨씬 우수하게 나온다면 정시를 염두에 두고 준비하세요.

학생은 아직 내신보다는 모의고사에서 조금 더 좋은 성적이 나오고 있습니다. 고2 1학기가 시작한 시점이기에 지금까지 치른 모의고사는 고1 때 두세 번, 고2 올라와서 한 번 정도였을 거예요. 고1 3월 모의고사는 중학교 과정을 시험범위로 했고, 그 후 치르게 되는 모의고사부터는 고1 과정이 출제되지만 아직 과목별로 고교 전범위로 출제되고 있지 않은 상황입니다. 그런데 고2 9월 모의고사에서는 고1 전 범위로 고2 1학기 교과 과정을 범위로 하며 문제의 내용이 깊어지므로, 여태 치렀던 모의고사보다 훨씬 어렵게 느껴질 것입니다. 그래서 많은 학생들이 고2 9월 모의고사 성적에서 과목별로 한 등급씩 더 내려가더군요.

학생이 고2 9월 모의고사에서 흔들림 없이 좋은 성적을 받는다면 수능에서도 우수한 성적을 기대할 수 있지만, 여태 받아온 모의고사 성적보다 더 내려간다면 수능에서 좋은 결과를 장담하기 힘들어요. 이런 이유 때문에, 학생처럼 모의고사 성적이 내신 성적과 비슷하거나 내신보다 살짝 좋게 나오는 정도라면 내신을 포기하는 것은 위험하다고 생각됩니다.

학생의 경우 위의 네 가지 기준점을 고려하고 조합해 보았을 때, 아직 수시전형을 포기하기엔 이르다고 판단되네요. 고2 2학기까지는 일단 내신에 좀 더 신경을 써서 최대한 내신 성적을 올려 수시전형을 대비하기를 권해 드립니다. 정시는 고2 겨울방학부터 독학으로 혹은 인강이나 학원 등을 활용해 고3 모의고사 기출문제들을 풀어보면서 시작해도 늦지 않다고 생각합니다.

04 자사고 고3, 내신·수능 어디에 집중해야 할까요?

서울 자사고 고3 남학생 학부모

제 아들은 서울 자사고에 다니는 고3입니다. 고2까지 내신 총합은 3점대 초반이고 학생부 관리는 나름대로 한다고는 했는데 학교 활동이 그렇게 많지는 않아요. 모의고사는 내신보다 더 나은 편이지만, 성적이 쭉 고르게 나오는 것이 아니라 변동 폭이 커요. 모든 영역에서 1등급이 나올 때도 있지만, 사탐이나 국어 등에서 간혹 2등급이나 3등급이 나온 적도 있어요.

수시로 인서울 경영학과나 경제학과를 지원하고 한편으로 정시도 노려보려고 하는데, 내신과 수능을 모두 챙기는 것이 무리일까요? 그렇다면 내신과 수능 중 하나만 선택해서 집중해야 할까요?

제가 상담해 드릴게요!

박원주 '평범엄마' 멘토

애매한 성적이면
두 전형 모두 준비하라 💡

　제 아이도 고3 이맘때 유사한 상황에 놓였기 때문에, 저 역시 이 문제로 고심했었습니다. 학생의 내신이 1~2등급이라면 수시에 좀더 비중을 두고 입시 전략을 짤 수 있을 텐데요. 안타깝게도 내신이 3등급이다 보니, 놓아 버리기에도 붙잡고 가기에도 애매한 상황입니다.

　그리고 모의고사 성적이 내신보다 잘 나오는 편이지만 모의고사 성적의 등락 폭이 크다면 무조건 정시만 믿고 있을 수도 없는 일이죠. 이렇게 수시에만 집중하기도, 그렇다고 정시만 믿고 있기도 애매하다면 어쩔 수 없이 두 전형을 동시에 준비해야 한다고 생각합니다.

　수시와 정시를 동시에 준비하는 것이 무리가 아닐지 걱정하고 계신데요. 사실 두 전형 성격이 많이 다르고 준비하는 방향이 달라서 어려움이 있지만, 그래도 둘 다 병행할 수는 있어요. 3학년 1학기 내신 기간에는 내신 공부에 집중하고, 그 외 시간에는 수능 공부를 하는 전략을 구사하면 됩니다. 특히, 내신과 모의고사 준비 시기가 겹칠 때에는 우선 내신 공부에 집중해 내신을 챙기는 것을 권해 드립니다.

고3 내신·모평 일정에 맞춘
월별 대입 전략 💡

　고3 3월 모의고사는 고3 올라가서 치르는 첫 모의고사라는 점에서 의미가 있습니다. 그런데 3월 모의고사는 3월 하순에 치르다 보니, 1학기 중간고사 준비 기간과 겹치게 됩니다. 학생은 수시를 염두에 두고 있는 상황이므로, 이 시기에는 1학기 중간고사를 집중적으로 준비해 내신 관리를 하는 것이 우선이라고 생각합니다. 3월 모의고사 준비에는 너무 많은 시간을 할애하지 말고, 1학기 중간고사에 더 집중하는 전략을 구사하는 것이 좋습니다.

5월 모의고사는 고3 1학기 기말고사와 시기적으로 겹치지 않기 때문에, 이 모의고사는 최선을 다해 준비할 필요가 있어요. 3월 모의고사를 평소 실력대로 치렀다면, 5월 모의고사는 자신의 취약한 부분을 집중적으로 보완하면서 공부하고 제대로 준비한 상황에서 치르는 것이 좋겠습니다.

5월 모의고사를 전후로 해서 대학별로 입학설명회를 개최하는 경우가 많습니다. 관심 대학의 입학 설명회는 반드시 참석해서 현장 분위기도 파악하고, 그 대학의 주요 정보를 입수하시길 권해 드립니다.

6월 모의평가는 수능과 가장 유사한 난이도로 출제되고 재수생도 함께 치르는 시험이므로, 6월 모평 점수는 대단히 중요한 의미가 있어요. 6월 모평 결과로 수시지원 대학 라인을 결정하는 것이 가장 일반적입니다. 따라서 6월 모평은 반드시 최선을 다해 공부를 하고서 치러야 합니다.

6월 모평 후, 대형학원에서는 모평 분석과 대입 전략에 대한 설명회를 많이 개최하는데요. 중요한 설명회에는 반드시 참석해서 학생의 점수대와 상황에 맞는 정보를 수집해야 합니다.

7월 모의고사는 1학기 기말고사와 일정이 겹치는데요. 학생의 경우는 7월 모의고사보다는 1학기 기말고사에 집중해 막바지 내신을 챙기는 것이 좋겠습니다. 7월 기말고사와 모의고사가 끝나면 이제부터는 수능 공부에 집중하세요. 9월 모평은 N수생은 물론이고 반수생까지 합류하는 시험이므로 수능 전에 보는 수능과 가장 유사한 실전 같은 모의평가이므로 9월 모평도 준비를 철저히 해서 시험을 치러야 합니다.

9월에 수시 원서 접수 후에는 수능 공부에 매진해야 합니다. 물론, 수능 전에 구술면접이 잡힌 수시전형에 지원하는 경우라면 미리 면접 준비도 해 두어야 합니다. 수능을 전후해서 수시 구술면접 등 대학별 고사가 있는데, 이것도 충분한 시간을 가지고 미리 준비하는 것이 필요해요.

10월 모의고사를 마지막으로 보고 11월에 수능을 보게 됩니다. 수능후에는 면접이나 논술 등 대학별 고사를 치르고 나서 수시 합격자 발표가 납니다. 수시 충원 합격이 모두 돌고 나면 정시에 돌입하는 기나긴 여정이 기다리고 있어요.

학생이 고3이 된 후, 입시에 대한 두려움과 압박감에 학생도 학부모님도 많이 힘드시죠? 조금만 더 힘을 내세요. 수시전형과 정시전형을 모두 염두에 두고 있으므로, 일단 내신 기간에는 내신 공부에 집중하고 그외 기간에 수능 준비를 하는 전략으로 가는 것이 좋겠습니다. 3학년 1학기 내신이 마무리되는 1학기 기말고사 이후부터는 수능에 집중하되, 면접이 있는 전형에 지원한 경우에는 수시 면접에 대한 준비도 병행해야 합니다.

05 예비 고1 아이, 수학 성적이 고민이에요

서울 일반고 예비 고1 여학생 학부모

> 제 딸은 다음 달이면 고등학교에 올라가요. 외고를 지망했지만 뜻대로 되지 않아서 집 근처 여고에 배정받았어요. 아이가 다니게 될 고등학교는 강남 학군인 데다 여학교이다 보니, 내신 경쟁이 매우 치열하다고 해서 걱정이에요. 국어와 영어는 아이가 자신 있어 해서 걱정이 덜 되지만, 문제는 수학이네요. 아이가 수학을 별로 좋아하지 않아서 수학 공부를 덜 하기도 했고, 선행도 많이 안 돼 있어서 불안해요. 고등학교 수학 공부 어떻게 하면 좋을까요?

> 제가 상담해 드릴게요!

박원주 '평범엄마' 멘토

자녀의 고교 입학을 앞두고 많은 부모님들이 중학교 수학에 비해 부쩍 어려워지는 고교 수학에 대해 걱정들을 하십니다. 저 역시 제 아이가 예비 고1이었을 때, 가장 많이 준비시켰던 과목이 바로 고등학교 수학이었어요. 고등학교에서는 수학이 내신 성적을 좌우하는 핵심 과목이기 때문이죠.

고교 수학은 복잡한 계산을 해야 하는 경우도 많아서 문제를 푸는 속도, 계산을 해내는 속도 등이 대단히 중요합니다. 고교 수학에서 시간 안에 문제를 다 풀지 못하고 답안지를 제출하는 일도 자주 발생하므로, 신속 정확한 계산 능력이 꼭 필요해요.

안타깝게도 학생은 수학 계산 속도가 빠르지 못하고 시간 내에 문제를 다 풀지 못하는 경우가 자주 있었어요. 선행도 고1 진도까지만 나간 상황이고, 고난도 문제를 풀어보는 심화 선행은 하지 못한 상태입니다.

개념부터
숙지하라 💡

이런 상황에서 고등학교 수학 성적을 향상시키기 위해 어떻게 공부해야 할까요? 먼저, 수학은 개념에 대한 철저한 이해가 필요하므로, 개념 설명 파트를 3~4회 정독하면서 개념을 숙지해야 해요. 수학에서 말하는 개념이란 무엇일까요? 개념은 수학 공식이 나오기까지의 전체 과정입니다.

학생들은 보통 수학 개념을 수학 공식과 같은 것이라 생각하고, 공식만 암기해서 바로 문제를 풀려고 하죠. 그런데 수학 공식은 개념을 한 줄로 요약한 것에 불과해요. 수학 개념은 이런 공식이 유도되는 전체 과정이므로, 이 과정을 꼼꼼하게 읽고 이해해야 기본 문제는 물론이고 응용 문제를 풀 수 있어요.

그러면, 수학 개념을 학습하려면 어떻게 해야 할까요? 수학 개념은 수학 교과서나 수학 개념서의 대단원이 시작되는 첫 페이지에 적혀 있어요. 대단원 도입부에 우리말 설명과 함께 숫자, 기호 등이 나오는 부분이 바로 개념 설명 파트입니다. 이 부분을 그냥 지나치지 말고 서너 번 정독하면서, 개념을 이해하고 공식 유도 과정을 익혀서 학생 스스로 연습장에 써 보게 하세요.

다양한 난이도 문제를
골고루 풀어라 💡

그 다음으로 상, 중, 하 난이도의 문제를 골고루 풀어보는 연습이 필요해요. 수학 학원에서는 최대한 많은 문제를 풀어보게 유도하지만, 사실 풀어보는 문제의 양보다는 문제의 질이 더 중요해요. 쉬운 문제만 많이 푼다고 해서 수학 실력이 느는 것이 아닙니다. 난도가 낮은 문제부터 난도가 높은 문제까지 점차적으로 풀어보고 실력을 올려야 합니다.

고교 수학 내신에서 쉬운 문제만 출제되는 것이 아니라 변별도 확보를 위해 어려운 문항도 일부 출제되고 있고, 이런 어려운 문항에서 등급이 갈리게 됩니다.

'혼공' 시간을
최대한 확보하라 💡

학생 혼자서 수학 공부를 하는 시간을 최대한 확보해서, 이해 안 되는 부분을 그때그때 해결해야 합니다. 수학 학원을 다니든, 과외를 하든, 수업 후에는 학생 스스로 수업 시간에 다뤘던 문제를 직접 풀어보는 혼공 시간이 필요합니다.

수학 선생님, 혹은 유명 강사님이 문제를 풀어줄 때에는 다 알 것 같았는데, 막상 학생 혼자서 그 문제들을 풀어 보면 어딘가 막히거나 이해 안 되는 부분이 있을 수 있어요. 이렇게 혼자 풀면서 막혔던 부분을 체크해 놓고서, 해설서를 보거나 선생님께 질문해서 그때그때 이해 안 되는 부분을 해결하는 과정만 거쳐도 수학 실력은 상당히 향상될 수 있어요.

아울러 혼공 시간에 오답 노트를 작성하고, 틀린 부분이나 어려웠던 부분이 어디인지 표시해 두고 반복 학습하는 것이 필요합니다. 수학은 개념과 원리에 대한 이해가 핵심이지만, 그 개념을 적용하는 문제를 풀어보는 연습도 대단히 중요해요. 학생 혼자 풀었을 때 풀리지 않았던 문제들은 반드시 여러 번 풀어보는 반복 학습과 연마의 시간이 필요합니다. 이런 반복 학습을 통해 계산 속도나 문제 푸는 속도를 높일 수 있어요.

06 예비 중3, 고1 선행 힘들어하는데 계속 시켜야 할까요?

예비 중3 남학생 학부모

제 아이는 예비 중3 남자아이인데요. 초5부터 수학 학원을 다니고 있어요. 중1 때까지는 1년 정도 선행을 했고, 중2가 끝나가는 지금은 고1 1학기 과정까지 선행을 했어요. 수학 학원에서 이번 겨울 방학에도 특강까지 추가해서 선행 진도를 더 빨리 뽑고 있고요.

아이 친구 엄마들 사이에서는 아이들의 수학 선행 진도를 어디까지 나갔느냐가 주요 관심사예요. 누구는 고등 수학을 모두 마쳤다더라, 누구는 고등 수학 과정을 세 바퀴 돌았다더라 등등. 그런데 제 아이는 고1 과정 수학을 많이 어려워하네요. 아이가 힘들어하는데도 계속 수학 선행을 시켜야 할까요?

제가 상담해 드릴게요!

박원주 '평범엄마' 멘토

수학 선행,
과연 유리할까? 💡

자녀에게 수학 선행을 시키는 이유는, 수학 진도를 미리 앞서 나가면 그 학년이 됐을 때 수학 학습에 상당히 유리할 것이라고 생각하기 때문입니다. 특히, 고등학교에 올라가면 수학이 많이 어려워지니까 미리 공부해 두면 큰 도움이 될 것이라 기대하죠.

과연 수학 선행학습이 정말로 그 학년에 올라갔을 때 학생들에게 유리하게 작용할까요? 수학 학습이 충실하게 되려면 개념에 대한 철저한 이해가 있어야 합니다. 단순히 수학 개념에 대해 1~2년 앞서서 들어본 적 있다고 해서, 나중에 그 수학 파트를 더 잘할 수 있는 것은 아닙니다.

아이가 현 단계 수학에서 개념을 잘 이해하지 못하고 있다면, 현 단계 수학에 대한 복습이 필요하지 선행 진도를 뽑을 때가 아니죠. 현 단계의 수학도 기초가 흔들리는 상황에서, 선행 진도를 아무리 많이 나간다 한들 선행 학습의 효과가 있을 리 만무합니다. 오히려 아이는 선행 진도를 나가느라 현 단계의 수학 학습에 시간을 충분히 투자하지 못해서 더 큰 학습 부진에 빠질 수 있어요.

아이가 현 단계 수학을 우수하게 잘 해내고 있다고 해도, 선행 학습이 꼭 유리하게 작용할 거라는 보장은 없어요. 선행학습을 하면서 선행 진도의 수학 개념을 충실히 이해할 수 있어야만 선행학습의 효과가 있습니다.

학생이 과학고를 준비하고 있거나 수학에 특출한 재능을 가진 경우 외에는 2년 이상의 수학 선행은 권해 드리지 않습니다. 수학 학원에서 선행 진도를 나갈 때, 학생에게 개념에 대한 충분한 이해를 시키지 않은 채

공식만 암기시키고 문제 푸는 요령만 알려 주어 기본 문제들만 풀게 한다면, 정작 그 학년이 됐을 때 학생은 선행학습의 효과를 볼 수 없기 때문입니다.

수학 선행의 무서운 부작용

게다가 수학 선행학습은 여러 가지 부작용이 있어요. 아이가 이미 그 파트를 배웠다는 생각에 방심을 해서, 막상 그 학년이 되어선 수학을 덜 공부하게 돼 낭패를 보는 경우가 있습니다. 또한 너무 오래전에 미리 공부한 부분이라 모두 잊어버려서, 그 학년에 올라가 전부 다시 공부해야 하는 경우도 있어요.

수학 선행을 하느라 아이가 너무 힘들어하다가 오히려 수학 공부에 흥미를 잃거나 싫증을 내기도 합니다. 선행 진도를 나가느라 현 학년 수학을 복습할 시간을 충분히 갖지 못해서, 기초가 더욱 흔들리는 상황을 겪는 아이들도 있습니다.

하지만 이런 부작용을 알면서도, 수학 잘하는 일부 아이들이 수학 선행학습의 효과를 보았다는 소문을 들으면 선행을 시키지 않던 부모님들의 마음이 흔들리는 것이 현실입니다. 옆집 아이도 하는 수학 선행을 우리 아이만 안 할 수도 없고 참으로 난감하죠. 수학 현행만 했다가 우리 아이만 뒤처지는 것은 아닐까 불안하기도 합니다.

수학 선행
성공하는 방법! 💡

　그렇다면 수학 선행학습을 무조건 안 할 수도 없고, 조금이라도 한다면 언제 어디까지 하면 좋을까요? 학생의 수학 학습 수준에 맞춰 제안을 드려 볼게요.

　학생이 현 학년 수학 학습에서 어려움을 느끼거나 이해 못 하는 부분이 있다면, 부족한 부분을 채우는 복습을 우선적으로 해야 합니다. 이런 경우에는 선행학습이 아니라 후행학습을 시켜 주는 학원에 보내는 것이 타당할 것입니다.

　수학 성적이 중하위권이라면 복습 위주의 공부가 시급해요. 수학 과목은 단계와 단계가 체인처럼 연결돼 있어서, 앞 단계를 이해하지 못하면 그다음 단계를 이해할 수 없는 구조입니다. 따라서 기초부터 튼튼히 하는 것이 중요합니다. 학생이 현 단계 수학에서 어려움을 느끼는지 면밀히 파악하고, 그럴 경우 우선 기초부터 다시 학습하는 것이 필요합니다.

　반대로, 학생이 현 학년 수학에서 상위권이라면 현 단계 수학의 심화학습을 시킬 것을 권해 드려요. 현행 수학에서 좀 더 깊이 들어가는 문제나 경시대회 문제 등 고난도 문제를 풀면서 심화학습을 하면 실력이 부쩍 늘게 됩니다. 사실, 수학 상위권 학생에게는 단순히 선행 진도가 얼마나 나갔냐보다는 심화 선행이 얼마나 돼 있냐가 더 중요해요.

　그리고 방학이 되면 신학기에 배울 수학 부분을 예습하는 것이 좋겠습니다. 한두 달 후에 바로 배우게 될 수학 부분에 대한 학습은 충분히 가능하고 효과도 있기에 적극 권해 드려요.

중3 학생은 고1을 대비해서 한 학기 정도의 수학 선행은 필요합니다. 고교 수학은 어렵고 공부할 양도 많기 때문에, 중3 때부터는 한 학기 정도의 선행은 불가피하다고 생각해요. 그리고 고1부터는 방학 때마다 신학기 수학 파트에 대한 예습을 해서, 수학 내신 준비를 한 템포 빨리하는 것도 추천 드립니다.

07 예비 중2, 과학고 가려면 선행학습 얼마나 필요할까요?

예비 중2 남학생 학부모

예비 중2 남학생의 엄마입니다. 아이 성적은 상위권이지만 행동이 느려 시간 관리에 어려움을 겪고 있어요. 과학고에 보내려고 하는데, 주변에서는 제2외국어까지 선행학습을 해야 한다고들 해요. 어디까지 선행을 해야 할지, 아이가 아직 어린데 그 내용을 이해할 수 있을지 걱정이에요.

또 선행을 시킬 때 학원을 보내는 게 좋을지 인터넷 강의가 좋을지 어떤 방법이 아이에게 효과적일지 궁금합니다.

제가 상담해 드릴게요!

조선대 약학과 22학번 멘토

아이의 행동이 느린 이유를 다른 관점에서 생각해 보면 어떨까요? 아이가 보드게임을 할 때나 본인이 좋아하는 일을 할 때에도 속도가 느린가요? 아마 그렇지 않을 거예요. 솔직히 말씀드리면 아직 학생은 공부의 필요성을 느끼지 못하고 '해야 하는 거니까. 어른들이 시키니까.'라고 생각하며 그저 책상에 앉아 숙제만 해가는 것으로 보입니다. 그래서 지금 학생에게 가장 필요한 것은 '동기부여'라고 생각해요.

저도 중학교 1학년 때에는 공부를 왜 해야 하는지 이유를 찾지 못해 놀기만 했어요. 그러다가 낮은 등수가 나오니 자존심 때문에 공부를 시작하게 됐어요. 그 시절의 자존심이 지금의 제가 있게 한 셈이죠. 아이 스스로 동기를 발견하면 좋지만, 그렇지 못하다면 주변 어른들께서 도와주셔도 괜찮습니다. 아이와 대화를 통해서든 활동을 통해서든 어떤 방법으로든 아이가 공부를 해야 하는 이유를 발견하게 하는 것이 필요합니다. 동기부여가 된 아이라면 스스로 목표를 세울 수 있게 해주세요. 부모님께서는 점검과 지지, 그리고 아이가 필요하다고 요청하면 지원만 해주시면 됩니다.

과학고·영재고 학업에 필요한 선행학습 수준 🔦

일반고가 아닌 과학고나 영재고를 준비하고 있다면 선행학습은 다다익선이며, 필수입니다. 수학 과목을 예로 들어서 말씀드릴게요. 일반고에서는 1학년 1학기에 공통수학 I, 1학년 2학기에 공통수학 II, 2학년 1학기에 대수, 2학년 2학기에 미적분 I 을 배웁니다. 미적분 II와 확률과 통계를 배우는 시기는 학교마다 다른데, 보통 2학년 2학기나 3학년 1학기에 배웁니다.

그러나 과학고나 영재고에서는 수학 진도가 이보다 훨씬 빠른 속도로 진행됩니다. 광주과학고 기준 2023년도 커리큘럼에 교육과정 변화를 반영해서 설명해 드리자면, 1학년 때 공통수학 I ·II와 대수, 미적분 I 을 배우고, 2학년 1학기에 미적분Ⅱ와 확률과 통계를 배웁니다. 순서대로 배우지 않고 과목을 병행하기 때문에 선행을 하지 않으면 따라가기 힘들 거예요. 2학년 2학기부터는 선택인데 대학수학(미적분학, 선형대수)을 배우고, 3학년부터 논술 및 대학수학(정수론, 미분방정식 등)을 배웁니다.

이처럼 과학고나 영재고에서는 수학 진도가 굉장히 빠르니, 고등학교 3학년까지의 수학 교육과정을 미리 선행을 한 다음 입학하는 것을 권합니다.

또한 과학고와 영재고 등에서는 과학 과목도 일반고 과학 커리큘럼과 상당히 다르게 진행됩니다. 과학은 1학년 때부터 대학 교양서적(일반화학, 일반물리학 등)을 이용하는데요. 교재는 물리, 화학, 생명과학, 지구과학의 Ⅰ과목과 Ⅱ과목 내용이 통합돼 있습니다. 물화생지 Ⅰ과목까지는 선행하는 것이 기본이며, Ⅱ과목까지도 준비해서 가면 좋습니다. 실제로 일부 학생들은 대학 서적까지 읽고 입학하기도 합니다. 일반고에 진학하는 학생들도 상위권을 노린다면 본인이 선택할 Ⅰ과목의 선수학습을 진행하면 좋겠습니다.

과학고를 목표로 한다면 수학과 과학 과목의 선행이 충분히 됐을 때 국어와 영어 준비를 하고, 이 역시 충분히 학습이 됐다면 제2외국어를 하면 됩니다. 다만 공부해야 할 분량과 내용이 많기 때문에, 수학과 과학 과목의 고등학교 전체 과정을 선행한 후, 국어와 영어는 고등학교 수준으로만 준비하면 되고, 제2외국어는 따로 준비하지 않아도 괜찮습니다.

인강 vs 과외 vs 학원 💡

학습 매체로 인터넷 강의, 학원, 과외 등이 있는데요. 저는 인터넷 강의 > 과외 > 학원 순서로 추천합니다. 인터넷 강의는 자기주도 학습이 되지 않는 학생에게는 추천하기 어렵지만, 자기주도 학습이 가능한 친구라면 시간과 장소에 구애받지 않고, 스스로 커리큘럼을 짜고 진도를 조절할 수 있다는 점에서 큰 장점이 있습니다. 인터넷 강의는 이미 각 분야에서 증명된 선생님들께서 수업을 하시기 때문에 본인에게 맞는 선생님을 찾아 수강하면 됩니다.

과외는 비용이 많이 들고, 좋은 선생님을 만나는 데까지 몇 번의 시행착오가 있을 수 있지요. 하지만 1:1 맞춤 수업이 가능하기에 사소한 질문이라도 바로 해결할 수 있습니다.

학원은 과학고 대비 학원이 따로 있다면 괜찮지만, 수도권이나 광역시가 아니라면 찾기 어렵죠. 일반적으로 지방 소도시에 있는 학원에서는 수요가 많은 중상위권 학생 중심으로 수업이 운영되기 때문에, 과학고를 준비하는 최상위권 학생에게는 일반 학원을 추천 드리지 않습니다.

인터넷 강의와 관련해 제가 수강했던 선생님들과 유명한 선생님들을 소개해 드릴게요. 일반고를 준비하는 학생들도 참고하셔도 좋습니다. 국어는 이투스의 신영균 선생님을 추천합니다. 어휘의 중요성을 강조하시고, 독서와 문학 풀이법이 남다르십니다. 강의를 듣지 않더라도 선생님의 어휘 책만이라도 보길 바랍니다. 수학은 체화가 가능하고 많은 양을 소화할 수 있다면 메가스터디의 현우진 선생님을 추천합니다. 과학은 메가스터디가 유명한데요. 물리는 배기범 선생님, 화학은 고석용 선생님, 생명과학은 백호 선생님, 지구과학은 오지훈 선생님을 추천합니다.

학습 계획을 세울 때는 하루, 일주일, 한 달, 한 학기, 일 년 기준으로 설정해 주시면 됩니다. 여기서 중요한 것은 '구체적'으로 계획을 세워야 한다는 것입니다. '3월까지 화학Ⅰ 2회독하기'보다는 같은 날이더라도 '3월 31일까지 화학Ⅰ 자*스토리 다 풀기'처럼 구체적으로 계획을 세워 주세요.

학생 스스로 계획을 세워 성취해 가는 과정은 성인이 돼서도 큰 도움이 될 것입니다. 아직은 아이가 어려서 효율적인 계획 수립과 이행이 어려울 수 있으니 이 부분은 부모님께서 도움을 주시기 바랍니다.

08 예비 중2, 학원 끊고도 영어 학습 가능할까요?

예비 중2 여학생 학부모

제 아이는 예비 중2 여학생입니다. 영어를 좋아하고 초등부터 영어전문학원을 다녀서 영어 말하기와 읽기를 잘해요. 초등부터 다니던 영어학원에서 매번 80단어씩 암기하는 숙제를 내는데, 암기 숙제를 해가는 것을 너무 힘들어 했어요.

그래서 그 학원을 그만두고 문법과 독해 위주로 가르치는 입시영어학원으로 옮겼어요. 그런데 이 학원에서는 영어 문법을 너무 지루하게 가르치고, 영어 독해로 고1 모의고사를 풀게 해요. 아이가 듣기는 다 맞는데 독해에서 8개 정도를 틀리니까, 영어에 대한 자신감을 잃고 있네요. 딸은 영어학원을 끊고 인강을 들으면서 혼자 공부하고 싶다고 하는데 그래도 될까요?

제가 상담해 드릴게요!

박원주 '평범엄마' 멘토

학생은 사춘기가 오면서 공부에 대한 회의나 싫증을 느끼고 있는 듯합니다. 이런 시기에 영어학원에서 너무 과도한 양의 숙제를 강요하니까, 영어 학원을 다니는 것을 힘들어하는 것으로 보입니다.

일반적으로 숙제를 많이 내주는 학원이 공부를 더 열심히 시키는 학원이라는 인식이 있다 보니, 학원마다 경쟁적으로 많은 양의 숙제를 내고 있습니다. 하지만 과중한 학원 숙제는 학생들에겐 큰 부담이 되죠. 그렇지 않아도 사춘기여서 감정 변화가 심하고 예민해 있는데, 학원 숙제 스트레스까지 겹치면 더욱 힘들죠. 이때 학원을 바꾼 것은 잘한 일이라고 생각합니다.

문법·독해 공부로
영어에 흥미를 잃는 이유 💡

초등부터 영어를 '말하기'와 '스토리북 읽기' 위주로 영어를 접한 학생들의 경우, '문법'과 '독해' 위주의 입시영어학원으로 옮기게 되면 영어에 흥미를 잃게 되는 경우가 많아요.

문법 학습은 암기가 필요하고 문법을 설명하는 용어도 생소해서, 무미건조하게 문법만 공부하게 되면 영어에 재미를 붙였던 아이들도 흥미를 잃기 쉽죠.

그리고 중·고등학교 영어 독해는 지문마다 스토리가 연결되지 않고, 단편적인 부분을 다루다 보니 흥미가 줄어들 수 있어요. 또, 픽션 위주의 영어 스토리북에서 나왔던 영어 단어에 비해서 논픽션 위주의 영어 독해 지문들에 나오는 단어들은 더 어렵게 느껴집니다. 중고등 영어 독해에서는 학년이 올라갈수록 암기해야 할 어휘 수도 훨씬 많아지므로 노력이 많이 필요하지요. 흥미 위주의 초등 영어 리딩을 즐겼던 아이들은 중고등학교에 올라가면 학습 위주의 입시 영어 독해에서 어려움을 느낄 수 있어요.

잘 맞는 영어학원 찾으려면 💡

현 상황에서 학생이 영어 학원을 어떻게 하면 좋을지에 대한 저의 의견을 말씀드릴게요. 과도한 숙제를 강요했던 기존 영어전문학원이나 최근에 옮긴 입시영어학원 모두 자녀분에겐 맞지 않아 보입니다.

전자의 학원은 한 번 갈 때마다 단어 80개씩 암기해 오는 숙제를 내면서 아이에게 스트레스를 줍니다. 이렇게 맥락 없이 기계적으로 단어를 암기하면 결국 돌아서자마자 잊어버리게 되므로, 이런 단어 암기 숙제는 아이에게 스트레스와 부담만 줄 뿐 학습 효과는 거의 없어요.

후자의 학원에서는 문법을 가르치고 영어 독해로 고1 모의고사 문제를 풀게 한다고 했는데, 이 학원의 접근 방식도 역시 문제가 있어 보입니다. 문법을 가르치는 것은 꼭 필요한 일이지만, 예비 중2에게 고1 모의고사 독해를 풀게 하는 것은 부적절합니다. 아직 정밀한 독해를 하지 못하는 학생에게 문장별 독해 스킬을 제대로 연습 시키지 않은 상태에서, 지나치게 어려운 교재로 무작정 많은 양의 문제 풀이를 억지로 강요하는 것은 바람직하지 않습니다.

오히려 숙제를 과도하게 내지 않으면서, 중2 수준에 맞는 어휘와 구문이 사용되고 있는 적절한 수준의 독해 교재로 공부하도록 하는 학원이 학생에게 실질적인 도움을 줄 수 있는 학원입니다.

수준 맞는 '혼공' 인강 학습도 좋다 💡

두 학원 모두 학생에게 맞지 않는 수업을 했기 때문에, 학생도 두 학원을 거부했던 것으로 보입니다. 영어 단어를 한꺼번에 수십 개씩 떠밀리듯 암기하거나, 모르는 단어가 너무 많이 나오는 영어 독해 지문을 대충 읽고 쫓기듯 문제를 푸는 것은 학습적 효과도 떨어지고 영어에 흥미를 잃게 하는 방법일 뿐입니다.

따라서 학생이 자신에게 맞는 학원을 찾을 때까지, 혹은 학생 스스로가 다시 영어학원에 꼭 가야겠다는 생각을 하기 전까지는 학원을 잠시 쉬는 것이 좋을 듯해요. 대신에 아이 수준에 맞는 인강을 선별해서 듣고, 혼자 복습하면서 영어를 공부하는 것이 나아 보입니다.

중학생에게 필요한 문법·독해 영어 학습법 💡

학생은 영어를 초등부터 많이 접해 왔고 영어에 재미를 느껴 본 학생이기에, 인강을 활용하고 혼자 공부해도 무방하다고 생각해요. 영어 문법은 신학기에 바로 공부하게 될 중2 수준 문법책을 선택해서, 그 교재에 딸려 있는 인강을 들으며 혼자 복습하는 식으로 공부하면 됩니다. 문법

학습은 문법 규칙을 학습하는 것이므로 동일 교재를 반복 학습하는 것이 효과적입니다. 자신의 학년 혹은 수준에 맞는 문법책을 선택해서 같은 책을 여러 번 복습할 것을 권해 드립니다.

영어 독해는 시중에 나와 있는 영어 독해 교재 중 자신의 어휘 수준에 맞거나 조금 더 높은 수준의 교재를 선택해서 문장 하나하나 제대로 정확하게 해석해 보는 연습을 해야 합니다. 독해 지문에서 모르는 단어가 너무 많이 나오면 독해 연습을 내실 있게 하기가 힘들어지니까, 한 지문당 모르는 단어가 3개 이하로 나오는 독해 교재를 선택해서 공부하는 것이 좋아요.

또, 독해를 하면서 모르는 단어가 나올 때마다 자기만의 단어장에 기록해 두고, 3회 이상 반복해서 암기하도록 해주세요. 독해 따로, 단어 공부 따로, 문법 공부 따로 할 것이 아니라, 독해를 하면서 앞에서 배운 문법을 적용하고 문법 규칙을 떠올려 보고, 동시에 어휘 학습도 함께 하는 방식으로 공부할 것을 권해 드립니다.

09 예비 중1, 우수 학군지로 전학시켜야 할까요?

예비 중1 여학생 학부모

> 제 딸은 초등 6학년입니다. 내년에 중학교에 올라가는데, 배정받게 될 중학교가 집이랑 가깝지 않은 데다 그 학교 평판이 별로 안 좋아서 고민입니다. 이대로 몇 개월 지나면 그 중학교로 배정될 텐데, 지금이라도 우수 학군지로 전학을 가야 할까요?
>
> 아이 친구들 중 공부에 욕심이 있는 애들은 작년부터 우수 학군지로 전학을 많이 가더군요. 그래서 그런지 제 아이도 저도 마음이 많이 흔들립니다. 우수 학군지로 전학을 가자니 공부 잘하는 아이들이 많아서 성적이 밀릴까 봐 두렵고, 전학을 안 가자니 중학교와 고등학교 배정이 마음에 걸려요. 우수 학군지로 전학 가려면 미리 어떤 점들을 생각해 보아야 할까요?

> 제가 상담해 드릴게요!

박원주 '평범엄마' 멘토

제 아이가 초등학교 5학년일 때 아이 친구들이 우수 학군지로 하나둘 전학 가는 모습을 지켜보면서, 우리 아이도 전학을 가야 하나 하고 고민했던 기억이 지금도 생생하네요. 저 역시 아이가 초등 고학년 때 우수 학군지로 전학할까를 고민하다가, 서울의 유명 학군지인 목동으로 전학을 감행했던 엄마였기 때문에 부모님의 마음이 잘 이해가 됩니다.

학군지를 이동하기 전에 몇 가지 중요하게 고려해야 할 점이 있어요. 제 아이 때의 경험을 바탕으로 크게 세 가지를 조언드리겠습니다.

아이의 의사가 최우선이다 💡

첫째, 전학에 대해 자녀의 의사를 반드시 확인해 봐야 합니다. 전학은 아이에게 세상이 바뀌는 큰 변화이기 때문에, 아무리 아이 교육을 위한 전학이라고 해도 아이가 원하지 않는다면 감행할 수 없는 일입니다.

초등생 아이들은 착하고 순진해서 부모가 원하는 느낌이 들면 쉽게 동의를 해주는 경향이 있어요. 그러니 여러 번 아이의 생각을 물어서 아이의 진짜 속마음을 파악해야 합니다. 제 아이는 "엄마, 한 번 도전해 볼래요." 하고 서울 목동으로 전학 가는 일에 적극 찬성했던 아이였어요. 그랬던 제 아이조차도 전학 와서 처음 6개월 정도는 새로운 학교 환경 적응과 친구 사귀기 등을 너무 힘들어했어요. 전학에 적극적으로 동의했던 아이조차도 막상 전학 가서 적응이 힘들면 후회하거나 부모님을 원망하는 경우가 많더군요.

더구나 아이가 중학생일 때는 교육을 위한 전학의 필요성에 대해 아이의 적극적인 동의가 더더욱 필요합니다. 중학생은 한창 사춘기를 겪고 있어서 부모보다 오히려 친구에게 더 많이 의지하기 때문에, 전학 문제는 매우 신중하게 결정해야 합니다. 전학은 단순히 아이를 둘러싼 물리적 환경만 변화시키는 것이 아니라 심리적, 정서적으로 큰 부담을 주니까요. 그렇지 않아도 예민해 있을 사춘기 자녀에겐 전학이 부모님의 상상보다 더 큰 타격을 줄 수도 있어요.

그러므로 자녀가 사춘기 청소년인 경우에는 전학을 결정할 때 아이가 전학에 적극적으로 찬성하는지를 최우선으로 고려해야 합니다. 아이가 전학을 강력하게 반대한다면 절대로 억지로 밀어붙여서는 안 됩니다. 전학이 가져오는 환경 변화에 순조롭게 적응하려면, 아이의 자발적인 의지와 노력이 필요하기 때문입니다.

아이의 학업역량을 객관적으로 따져봐야

둘째, 아이 교육을 위해 전학과 이사를 계획할 때, 아이의 의사 못지않게 아이의 학업능력도 중요합니다. 아이의 학업역량을 객관적으로 평가해서, 교육열이 높은 곳에서 주눅 들지 않고 적응 가능한지, 밀리지 않고 계속 잘 해낼 수 있을지 등을 냉정하게 따져 보아야 합니다. 그 지역 교육 환경이 우수하다는 것은 그만큼 사교육이 발달해 있고 우수한 아이들이 많이 모여 있다는 뜻이기도 하니까, 그곳에서는 학업 경쟁이 상상했던 것보다 훨씬 더 치열합니다.

학습에서 아이의 사기와 자신감도 중요해요. 평범한 지역에서 중학교와 고등학교를 다녔다면 상위권을 차지하며 자신감을 가지고 학업을 이

어갈 수도 있었을 텐데, 너무 치열한 곳에 전학 와서 중하위권으로 밀려나면 아이는 자신의 능력에 대한 회의와 공부에 대한 싫증을 느끼면서 학업과 멀어질 수도 있습니다.

우수한 학군, 좋은 면학 분위기, 물론 좋지요. 하지만 무조건 좋은 학군지로 전학 간다고 해서 아이의 미래가 근사하게 풀리는 것은 아닙니다. 아이가 이런 경쟁을 감당할 만한 강단이 있는지, 그리고 밀리지 않을 확실한 실력이 있는지가 학군지 이동을 결정하는 데 고려해야 할 핵심 포인트입니다.

"저 애는 여기 와 있을 애가 아닌데 왜 왔지?"
"다른 형제가 공부를 잘해서 저 애도 딸려서 전학을 왔나?"

목동에 전학 와서 다른 우수한 아이들과 경쟁하려면 최소한 어느 정도의 국·영·수 실력은 갖추고 있어야 합니다. 그런데 전학 온 어떤 아이가 너무 준비 없이 왔거나 혹은 학업 실력이 너무 평범하면, 주변 엄마들이 그 아이를 걱정하며 저런 말들을 합니다. 저도 목동에서 이런 말을 정말 자주 들었어요. 그만큼 학군지 이동에서 자녀의 학업 실력을 중요하게 고려해야 하는 것이죠.

적극적이고 친화적인 아이여야
적응도 잘한다 💡

셋째, 아이가 새 학교에 적응할 수 있는 적극성과, 친구를 새로 사귈 수 있는 친화력이 있는지도 고려해야 합니다. 제 아이는 5학년 2학기 때 전학을 갔어요. 이때는 이미 친한 친구 그룹이 다 형성되고 난 후라 친구를 사귀기가 훨씬 더 힘들었던 것 같아요. 1학기 시작하면서 전학을 갔다면 아이들과 좀 더 쉽게 친해질 수 있었을 것이라고 생각해요. 그러니 아이가 새 학교에 잘 적응하고 친구들과의 교제도 원활히 할 수 있도록, 가능하면 2학기보다는 1학기 초에 전학 가는 것을 권해 드립니다.

자녀 교육을 위해 전학을 고려한다면, 거기에서 얻을 수 있는 것만 생각하시지 말고 거기에서 잃게 될 것은 없는지도 사전에 충분히 생각해야 합니다. 학군지 이동을 위한 전학에 아이의 적극적인 찬성이 있어야 할 뿐 아니라, 그곳에서 아이가 어떻게 적응할 것인지를 고려해야 합니다. 아이가 자신감을 잃지 않고 공부할 학업역량은 갖췄는지, 그리고 아이가 새 학교와 친구에 적응할 수 있는 적극성과 친화력이 있는지를 꼼꼼하게 따져 보고, 그런 다음 결정을 내리기 바랍니다.

제 2 장

아이의 사춘기
슬기롭게 넘기는 법

01 중2 아이 사춘기로 너무 힘들어요

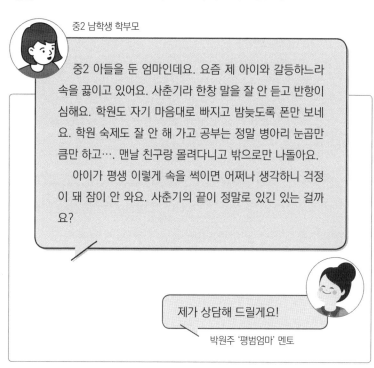

중2 남학생 학부모

중2 아들을 둔 엄마인데요. 요즘 제 아이와 갈등하느라 속을 끓이고 있어요. 사춘기라 한창 말을 잘 안 듣고 반항이 심해요. 학원도 자기 마음대로 빠지고 밤늦도록 폰만 보네요. 학원 숙제도 잘 안 해 가고 공부는 정말 병아리 눈곱만큼만 하고…. 맨날 친구랑 몰려다니고 밖으로만 나돌아요.

아이가 평생 이렇게 속을 썩이면 어쩌나 생각하니 걱정이 돼 잠이 안 와요. 사춘기의 끝이 정말로 있긴 있는 걸까요?

제가 상담해 드릴게요!

박원주 '평범엄마' 멘토

아이의 사춘기,
어떻게 받아들여야 할까

저도 제 아이 사춘기 때 모범생이었던 아들의 돌변한 태도에 속앓이를 많이 했어요. 크고 작은 일들로 충돌하며 전쟁 같은 시간을 보냈었던 엄마이기에, 그리고 이러한 숱한 시행착오 끝에 뒤늦게 깨달음을 얻게 된 엄마이기에, 이런 부모님들의 심정이 충분히 헤아려집니다. 걱정되고 불안하고 조바심도 나지만, 앞이 안 보여서 답답한 그 심정 말입니다.

사춘기는 아동에서 성인으로 성장하기 위해서는 반드시 거쳐야 할 시기입니다. 그렇다면 아이의 사춘기 시기를 부모님들은 어떻게 보내는 것이 현명할까요? 이 시기를 갈등과 마찰로 서로에게 상처를 주고받으며 보낼 것인지, 부모님들이 미성숙한 자녀의 행동들을 너그럽게 수용해 주고 믿어주고 기다려 주면서 평화롭게 보낼 것인지, 그 모든 선택은 부모님들의 몫입니다.

저는 외둥이 아들을 길렀던 초보 엄마였기에, 좀 더 현명한 후자의 선택을 하지 못하고 전자의 길을 걸었어요. 그 당시 저는 사춘기에 돌변한 제 아이의 행동들이 너무 실망스럽고 걱정이 돼서, 제 눈에 차지 않는 행동들을 할 때면 일일이 야단치고 훈계해야 하는 줄 알았어요. 그런데 그런 훈계는 아무런 효과도 없었고 오히려 아이와의 사이만 더 멀어지더군요. 제가 조금만 더 참았더라면 아이와 그토록 오래 다투지 않고 원만하게 보낼 수도 있었을 텐데, 당시의 저는 그러지 못했습니다. 아직 일관된 자아정체감을 확립하지 못해서 매사 충동적으로 행동했던 사춘기 아이에게 제가 좀 더 너그럽게 대해 주지 못한 것이 두고두고 후회가 됩니다.

긍정적 수용과 믿음으로 기다려야 💡

사춘기 자녀로 인해 힘들어하시는 부모님들께 꼭 드리고 싶은 제안이 있어요. 사춘기 자녀의 행동을 비난하거나 훈계하시지 말고, 최대한 긍정적으로 수용해 주시라는 겁니다. 사춘기 아이는 미숙하고 충동적으로, 혹은 반항적으로 행동하지만, 몇 년이 흐르면 아이도 자신의 행동을 조금씩 조절하게 될 거예요. 이런 성장과 변화의 가능성을 믿어 주고 기다려 주세요.

아이들은 사춘기를 끝내고 언제쯤 예전의 모습으로 돌아올까요? 누군가가 몇 달, 혹은 몇 년이라고 콕 찍어서 기다려야 하는 시간을 속 시원하게 이야기해 주면 좋을 텐데, 이런 질문에 대답해 줄 수 있는 사람은 아무도 없어요. 어떤 아이는 1년, 또 어떤 아이는 2~3년 정도 사춘기를 치르고 넘어가더군요. 제 아이의 사춘기는 중2 때부터 고2 때까지 4년이라는 긴 시간 동안 이어졌어요. 제가 좀 더 아이에게 너그러웠다면, 더 여유 있게 기다려 주었더라면 아이의 사춘기를 조금은 더 단축할 수 있었을 텐데 하는 아쉬움이 듭니다.

아이가 지금 사춘기의 절정을 달리고 있다고 해도, 공부를 등한히 하고 스마트폰에 몰입하고 있다고 해도, 자녀의 행동들을 긍정적으로 수용해 주고 믿어주고 기다려 주세요. 야단과 훈계는 전혀 효과가 없고 절대로 아이의 마음을 움직일 수 없으며 더욱 갈등만 깊어짐을 저는 너무나도 선명하게 겪었어요. 기다려 주는 일이 쉽지 않음을 누구보다 잘 알지만, 그래도 인내를 갖고 아이를 기다려 주는 것, 이 방법밖엔 없다는 것을 용기 내어 말씀드립니다.

힘들수록
'햇볕정책'을 💡

사춘기 자녀를 단순히 믿고 기다려 주는 것에서 한 걸음 더 나아가, 가끔은 '햇볕정책'을 적극적으로 써보는 것도 강추합니다. 아이가 속을 썩일수록, 부모님을 힘들게 하면 할수록, 아이에게 살갑게 대해 주고 더 잘해 주세요. 더 맛있는 음식을 해 주시고 더 좋은 옷을 사 주세요.

그러면 아이도 생각을 하게 될 거예요. '내가 그렇게 속을 썩였는데도 우리 엄마는 나한테 이렇게 잘해 주시네. 우리 엄마는 참 착한데…. 내가 너무 했나?' 하고요. 그러면서 자신의 행동을 뉘우치게 되고 조금이라도 개선해 보려고 노력할 것입니다.

그냥 무작정 기다리자는 것이 아닙니다. 부모님 기대에 어긋나거나 이해 안 되는 행동을 하는 자식임에도, 비난하지 않고 포용하면서 여전히 사랑과 믿음을 주면서 기다리자는 것입니다. 또 우리 아이가 잘되기를 바라면서 자식을 위해 기도하면서 기다리자는 것이죠. 아이가 자신의 결단으로 마음을 다잡을 때까지 희망을 놓지 않고 기다려 주시길 권해 드립니다.

02 중1 아들, 하루 종일 게임만 해요

중1 남학생 학부모

중1 아들을 둔 엄마예요. 아이가 평소에도 컴퓨터 게임을 많이 하는 편인데, 요즘엔 방학이라 그런지 하루 종일 게임만 하네요. 학원 숙제도 대충 하고 게임만 하는 아들을 보면 애가 타서 야단도 치고 고함도 질렀지만 소용이 없네요.

어제는 새벽에 화장실에 가느라 잠이 깨었는데 그때까지도 게임을 하고 있더군요. 너무나 화가 나고 속이 상했어요. 도대체 게임이 뭐가 그렇게 재미있기에 이러는 건지 정말 이해가 안 되네요. 아이가 게임 중독이 되면 어쩌죠?

제가 상담해 드릴게요!

박원주 '평범엄마' 멘토

저도 제 아들이 중학생이었을 때 이와 비슷한 고민을 했었기에, 학부모님의 마음을 조금은 알 것 같아요. 게임을 많이 하는 아이의 심리에는 도대체 어떤 것들이 깔려 있을까요? 아이의 심리를 알게 되면 아이가 조금은 이해가 되면서 불필요한 다툼이나 충돌을 피하고 현명하게 대처할 수 있지 않을까 생각됩니다.

남학생이 유독
게임에 몰입하는 이유 💡

　남자아이들이 게임에 이토록 많은 시간을 보내는 이유는 무엇일까요? 가장 큰 이유는 게임이 또래와 어울려 놀 수 있는 매개물이기 때문입니다. 게임이 정말 좋아서 하는 남학생들도 있지만, 그런 경우보다는 친구들과 어울려 놀기 위해서 게임을 하는 경우가 대부분이죠.

　요즘 PC 게임은 팀으로 뭉쳐서 하는 팀 게임이 많아서, 게임 속에서 그 친구들과 팀을 이루어 놀게 됩니다. 제 아들의 말에 따르면, 방과 후에 친한 친구들이 다들 PC방에 가 있어서 친구들과 놀려면 PC방에 갈 수밖에 없다네요. 또, 집에서 게임을 하더라도 다른 친구들과 연결해서 팀별로 플레이를 하다 보니, 게임을 서너 시간 이상 할 수밖에 없다고 합니다.

　그런데 제 아이가 중2 때, 초보 엄마였던 저는 이런 점을 헤아리지 못했어요. 아들이 엄마 몰래 PC방에 가는 것이 너무 괘씸하고 싫어서, 어떻게든 PC방 출입만은 못 하게 하려고 안간힘을 썼어요. 게임 중독에 걸리면 어쩌나, 학업에 지장이 생기면 어쩌나 하고 걱정하면서 게임을 끊게 하려고 온갖 노력을 다했지요. 그러나 제가 이렇게 강경하게 나올수록 아들과의 사이만 나빠졌고 아무 효과도 없었어요.

　돌이켜 생각해 보면, 이 부분이 참으로 아쉽습니다. 좀더 넓은 시야를 가지고 멀리 내다볼 수 있었으면 좋았을 텐데, 당시의 저는 매 순간 불안해하고 속상해하면서 제 감정에만 빠져 있었습니다. 게임을 하는 아이의 심리 속에 친구와 놀고 싶고 또래에 소속되고 싶은 강한 욕구가 있음을 알게 된다면, 게임을 많이 하는 아이가 조금은 이해될 것이라 생각합니다.

남자아이들이 오래 게임을 하게 되는 이유는 승리욕을 자극하는 게임의 속성 때문이기도 합니다. 5분 안에 끝나는 짧은 게임도 있지만, 아이들이 많이 하는 롤(LOL) 게임 같은 경우에는 치열한 공방이 이어지다 보면 한 게임을 마치는 데 어떨 때는 한 시간이 넘게 걸리기도 해요.

오랜 시간 최선을 다한 게임에서 지게 되면 약 오르고 화가 나서 한 게임 더 돌리게 되고, 이기면 신이 나서 한두 게임 더 돌리게 되다 보니, 앉은 자리에서 서너 시간은 금방 흘러가게 됩니다. 남자아이들은 승리욕이 강한 데다 게임 자체가 승리욕을 자극하는 속성이 있다 보니, 그저 놀려고 하는 게임에서조차 승리욕이 발동되죠. 그래서 게임에 지면 이길 때까지 게임을 돌리게 되고, 이기면 이기는 대로 또 그 기분을 한 번 더 맛보고 싶어서 게임을 더 하게 됩니다.

아이들은 그 외에도 스트레스 풀기, 시간 보내기 등 기타 여러 이유로 게임에 몰두합니다. 아이가 단순히 게임이 재미있어서 하는 경우도 있지만, 그 외에 달리 하고 싶은 것이 없어서 그냥 게임을 하는 경우도 많더군요. 우울하거나 심심할 때 게임을 한다는 거죠. 또, 공부가 너무 하기 싫은데 해야 하는 상황에서, 쌓이는 스트레스를 해소하기 위해서 게임을 하기도 해요. 물론, 숙제나 공부를 하고 난 뒤에 휴식이나 보상의 의미로 게임을 하는 아이들도 있어요. 이렇게 아이들이 게임을 긴 시간 동안 하게 되는 것은 우리가 생각했던 것보다 더 다양하고 복합적인 이유가 있습니다.

원만한 관계 유지하며
믿고 기다려야 💡

　그러면 게임에 빠진 아이에게 부모님이 어떻게 대처하면 좋을까요? 게임을 끊게 하려고 야단치고 통제하는 방식은 전혀 효과가 없습니다. 오히려 아이의 반발만 더 심해지니 자제해 주시기를 당부 드립니다. 그리고 아이가 게임하는 것을 너무 나쁘게만 보시지 말고, 일정 부분은 인정하고 수용해 주셨으면 합니다.

　사춘기 남자아이들에게 강제로 뭔가를 시킨다고 해서 말을 듣는 경우는 거의 없어요. 결국 아이 스스로가 게임 시간을 조절하게 하는 것이 가장 바람직합니다. 그렇게 되게 하려면, 부모님들이 속이 타시더라도 믿고 기다려 주셔야 합니다. 다투고 야단치고 갈등하면서 기다리실 것이 아니라, 원만한 관계를 유지하면서 마음에 안 차는 행동을 하더라도 받아주시고 수용해 주시면서 기다려 주실 것을 권해 드립니다.

ⓞ3 고1 아이가 담배를 피워요

고1 남학생 학부모

제 아이는 고1 남자아이인데요. 서너 달 전에 아이 옷을 세탁하려고 주머니를 훑었더니 라이터가 나왔어요. 아이에게 물어보니 친구 생일 케이크에 촛불을 붙이느라 필요해서 넣어 뒀다고 하네요. 뭔가 이상했지만 아이를 믿고 그냥 넘어갔어요. 지난달에는 아들 책상 서랍에서 담배가 발견됐는데, 이번에는 친구 것인데 자기에게 잠시 맡긴 거라고 해요. 자기 것이 아니라고 완강하게 부인을 하길래, 의심스러웠지만 한 번 더 믿어주었어요.

그러다 며칠 전 제 아들과 친구들이 학원 상가 계단 밑에서 담배 피우는 것을 보고 말았어요. 아이에게 화가 났지만, 일단 집에 와서 아이를 기다렸어요. 때마침 일찍 퇴근한 남편도 이 사실을 알게 돼 아이를 야단치고, 저에게는 집에 있으면서 애 관리를 어떻게 한 거냐고 호통을 치면서 집안 분위기가 난리도 아니었어요. 착했던 아들이 담배를 피우게 될 줄은 꿈에도 몰랐어요. 이 일을 어떻게 하면 좋을까요?

제가 상담해 드릴게요!

박원주 '평범엄마' 멘토

억울할 일 없도록
처음에는 믿어줘야 💡

착했던 아들이 친구들과 몰래 담배를 피우고 있는 장면을 보셨으니 그 마음이 어떠실까요? 처음 두 번 정도 흡연이 의심되는 상황에서도 일단 아이를 믿어 주셨는데, 이런 대처는 참으로 잘하신 일입니다. 실제로 이런 상황에서 많은 부모님들이 참지 못하고 아이에게 야단치면서 아이와의 사이가 많이 벌어지죠. 가정의 평화를 위해서, 그리고 아이가 억울할 일 없도록 한두 번은 아이의 말을 믿어 주고 참아 주신 것이 현명해 보입니다.

그런데 이렇게 여러 차례 라이터나 담배가 발견되고 또 실제로 담배를 피우는 모습까지 목격하신 것으로 보아, 안타깝지만 아이는 흡연을 한 지가 꽤 오래돼 보입니다. 이미 흡연을 시작했고 상당히 진행됐다면 담배를 끊기가 쉽지 않을 것이라 생각되네요.

지금 당장은 부모님을 속인 아이에게 실망하고 화도 나겠지만, 사실 담배가 건강에 해롭고 미성년 학생에겐 금지돼 있는 품목이다 보니 이에 대한 걱정이 훨씬 크리라 생각됩니다. 게다가 담배를 피우는 아이에 대한 부모님의 인식이나 사회적 인식이 좋지 않다 보니, 다른 아이나 다른 부모, 혹은 교사가 우리 아이를 안 좋게 보면 어쩌나 하는 걱정이 드는 것도 사실입니다.

흡연과 비행은
동의어가 아니다 💡

그런데, 아이가 담배를 피우는 것에 대해 지금 당장은 여러 우려들이 많은 것은 사실이지만 좀 더 멀리 내다보면서 생각해 볼 필요가 있습니다. 아이의 현재 모습뿐 아니라 미래 모습까지 염두에 둬야 하니까요. 지금은 담배를 피워서 부모를 걱정시키고 있지만, 흡연이 쭉 계속될지, 아니면 아이의 결단에 따라 혹은 필요와 상황에 따라 담배를 끊을지는 아무도 모르는 일입니다.

흡연과 관련한 아이의 미래의 모습이 어떤 양상일지는 예측하기 힘들지만, 참고삼아 몇 년 앞서서 아들을 키워 대학 졸업반이 된 제 경험을 공유해 드릴게요.

제 아이는 중·고교 시절에 흡연을 하지 않았고 대학 가서도 계속 비흡연자로 있지만, 요즘은 가끔 친구들과 술자리에 가면 담배를 피우는 친구들과 함께 맞담배를 피우기도 한대요. 평소에는 담배를 전혀 안 피우다가 담배를 피우는 친구랑 어울리다 보면 자기도 가끔 하게 된다네요. 제 아이 주변 친구들 중에는 중·고교 시절에 담배를 피웠다가 대학 가서 끊은 경우도 있고, 반대로 학창 시절에는 전혀 담배를 피우지 않다가 대학 가서 담배를 피우는 경우도 있어요. 그리고 재수나 삼수를 하면서 또는 군대에서 스트레스를 받다 보니 담배를 피우기 시작하는 케이스도 많답니다. 이렇게 아이들의 흡연 양상은 조금씩 달라요. 그러니 흡연을 꼭 비행 청소년의 상징으로 보기 어렵습니다.

또, 저와 제 아이의 경험을 통해서 보니 담배와 학업이 꼭 상관 관계가 있는 것은 아니더군요. 제 아이 친구 중에 고등학교 때 줄담배를 피우던 아이가 있었는데, 재수해서 서울대에 합격했어요. 그리고 중·고교 때 소문 난 모범생이었던 한 친구는 연세대를 다니다가 반수를 시작하면서 담배를 피웠지만, 서울대로 갈아타는 데 성공했다고 해요.

공감과 이해로
진심 어린 설득 필요 💡

일단 흡연이 상당히 진행된 경우라면 담배를 끊기가 쉽지 않을 것 같네요. 게다가 어울려 다니는 친구들이 담배를 같이 피우고 있다면 담배를 끊기가 더 힘들 것으로 보입니다.

그렇지만 담배가 자기 몸에 맞지 않는데도 친구와 어울리다 보니 피우게 된 경우라면, 건강을 위해서 최대한 끊어 보도록 아이를 설득해 보는 노력이 필요합니다. 야단이나 훈계보다는 진심 어린 설득이 더 효과가 있을 것이라 생각합니다.

아이의 흡연에 대해 지금 당장 속상하고 걱정되겠지만 조금만 더 길게 보세요. 지금 보여 주는 아이의 모습이 전부가 아니기 때문입니다. 아이와 불화하고 다툰다고 해결될 문제가 아니므로 차분하게 대화하고 최대한 아이의 입장을 이해해 주세요. 담배를 피웠다고 아이가 많이 잘못되거나 학업을 놓는 것은 아니므로, 이런 편견을 버리고 아이와 화목하게 지내시길 권해 드립니다. 자녀 교육에서는 비난과 훈계보다는 공감과 이해가 더 큰 힘을 발휘할 것이라 믿습니다.

04 중학생 딸이 이성 교제를 해요

중학교 여학생 학부모

> 중학생 딸이 남자친구를 사귀고 있어요. 아직 어린데 이성 친구를 사귀는 것이 부모 입장에서는 너무 걱정이 되네요. 솔직히 못 사귀게 말리고 싶어요. 하지만 아이가 부모 말을 잘 안 듣고 반항이 심해서, 함부로 반대도 못 하고 속만 태우고 있어요.
>
> 가장 힘든 것은 남자친구가 생기면서 공부도 소홀히 하고 부모에게 비밀이 많아졌다는 거예요. 착했던 우리 아이가 남자친구를 사귀면서 부모를 속이고 거짓말까지 하니, 야속하고 분해서 아이와 자꾸 싸우게 되네요. 아이의 이성 교제에 어떻게 대처하면 좋을까요?

제가 상담해 드릴게요!

박원주 '평범엄마' 멘토

이성 친구 사귐이 걱정되는 건
부모로서 당연한 일 💡

사춘기 자녀를 둔 부모님들 중에서 아이의 이성 문제로 걱정하시는 분들이 많습니다. 저 역시 제 아이 사춘기 때, 비슷한 문제로 속앓이를 했기에 그 마음이 어떨지 헤아려지네요.

자녀가 이성 친구를 사귀는 것에 대해 많은 부모님들이 우려하는 이유는 무엇일까요? 우선, 이성 친구가 생기면 아이가 온통 그쪽으로 신경을 쓰느라 학업에 집중하지 못하는 경우가 많기 때문입니다. 아이가 중학생이면 곧 고교 입학도 준비해야 해서 학업에만 집중해도 공부해 내기가 힘든데, 이성 친구가 생기면 아무래도 감정 소모와 시간 소모가 커지게 되니까요. 게다가 아이가 이성 친구를 사귀면 평일에는 귀가 시간이 늦어지고, 주말에는 하루 종일 외출하는 일이 자주 생기죠.

또, 아이가 이성 친구와 수시로 톡을 나누느라 정신이 팔려 있어서 자신만의 평온한 일상을 유지하기가 쉽지 않다는 것도 큰 걱정거리입니다. 이성 친구와 시도 때도 없이 톡을 나누고, 내일을 위해 잠을 자야 할 새벽 시간에도 부모 몰래 오랜 통화를 나누기도 하지요. 그리고 자기들끼리 오해가 생겨 이성 친구와 다투거나 헤어지게 되면 아이가 마음을 못 잡고 힘들어하는 모습을 보이니까, 부모님 입장에서는 사귀게 돼도 걱정, 싸우거나 헤어져도 걱정입니다.

아이들이
거짓말을 하는 이유 💡

특히, 아이들이 이성 친구를 사귀면서 부모님들께 숨기거나 속이는 일이 많아지는데요. 부모님 입장에서는 부모를 속이는 아이가 용납이 안 되고 배신감이 느껴질 거예요. 하지만 이에 분노하기 전에 우리 아이가 왜 거짓말을 하는지 그 이유와, 저변에 깔린 심리부터 파악해야 합니다. 아이들은 왜 부모에게 수많은 비밀을 만들고, 물어봐도 제대로 알려 주지 않거나 속이려고 할까요?

아이들이 부모에게 거짓말을 하는 것은 아이들의 성정이 나빠서가 아니라, 부모의 야단이나 잔소리를 회피하고 싶어 하는 방어 심리 때문입니다. 부모님께 사실대로 솔직히 말씀드리면 부모님께서 걱정하시거나 듣기 싫은 잔소리를 하실 것이 분명하다는 것을 아이가 이미 알고 있기 때문이죠. 우리 어른들도 직장 상사나 집안 어른들께 불필요한 야단이나 잔소리가 듣기 싫어서 가끔은 거짓말로 둘러대는 경우가 있듯이, 아이들도 마찬가지입니다.

아이와 부모의
원만한 관계 지속이 중요 💡

이성 교제 문제로 자녀와 다툼이 많아질 때, 아이를 어떻게 대하면 좋을까요? 아이의 이성 교제가 걱정되겠지만, 이럴 때일수록 자녀의 행동을 고치려고만 할 것이 아니라 자녀와의 원만한 관계를 회복하는 데 우선적으로 신경 써야 합니다.

많은 학부모님들이 먼저 아이를 원래의 모범적인 모습으로 돌려 놓아야 자녀와의 관계가 회복될 것이라고 생각합니다. 그래서 어떻게든 아이를 말 잘 듣던 예전의 모습으로 돌려놓으려고 야단과 훈계를 계속합니다. 하지만 아이의 행동은 조금도 바뀌지 않고, 훈계를 하면 할수록 오히려 더 심하게 반항하거나 사이가 더 벌어지는 부작용이 생길 뿐입니다.

아이가 이성 친구를 사귄다고 해서 아이를 일일이 감시하거나 통제하는 것은 효도도 없을뿐더러, 오히려 부모님과 자녀와의 사이를 더욱 갈라놓을 수 있으니 자제하시는 것이 좋겠습니다. 사춘기 아이들은 부모님의 야단과 훈계, 잔소리를 너무 힘들어합니다. 그래서 이를 피하기 위해 더욱 숨기고 속이게 되지요. 그러다 보면 부모와 자식 간의 대화나 소통이 더욱 단절됩니다.

부모가 자기편이란 걸
아이가 인식할 수 있어야 💡

자식을 걱정하는 부모 마음도 몰라주는 아이가 한없이 괘씸하고 야속하게 느껴지더라도, 그러면 그럴수록 부모님이 아이를 더욱 따뜻하고 편하게 대해 주세요. 그래야 아이도 부모에 대한 경계심을 풀고 마음을 열기 시작합니다.

부모님이 자기를 야단치는 존재가 아니라, 자기 편이 돼주고 편하게 의논할 수 있는 대상임을 아이에게 인식시켜 주는 것이 중요해요. 그렇게 되면 우리 아이들은 조금 더 솔직히 자기의 상황이나 상태를 부모님께 보여주게 되고, 고민도 털어놓고 의논도 하게 됩니다. 이렇게 돼야만 아이가 도움을 필요로 하는 순간에 부모님이 적시에 아이를 실질적으로 도와줄 수 있습니다.

사소한 일에도 사사건건 개입하거나 간섭해서 아이와 관계가 소원해질 것이 아니라, 아이가 정말로 도움이 필요한 순간에 부모님께 도움의 손길을 뻗을 수 있도록 최소한의 신뢰 관계를 유지해야 합니다. 아이와의 관계 개선과 신뢰 회복을 통해, 아이가 부모님을 의논의 대상으로 생각하도록 만들어야 합니다.

최신뉴스로
세특 정복!

PART 3

진로N

수업 중 주제 탐구활동을 잘 활용해 수행평가 성적을 잘 받고 학생부의 과
목별 세특 기록을 특별하게 관리해 가는 것은 학생부전형을 준비하는 모든
학생들이 바라는 꿈이다.
'최신뉴스로 세특 정복!'은 신문과 방송에서 연일 쏟아내는 뉴스 가운데 수
업과 연계해 주제 탐구를 수행할 수 있는 의미 있는 기사들을 선별해, 학생
들이 이를 수업 탐구활동으로 지혜롭게 활용할 수 있도록 해준다.
미디어 탐구활동을 통해 학업역량, 진로역량, 공동체역량, 그리고 문해력
과 논리적 사고력을 향상해 학생부전형과 논술, 수능 대비 능력을 키우고,
더 나아가 올바른 가치관을 바탕으로 다양한 시각에서 세계를 바라보는 눈
을 가질 수 있다.

SNS 몰입에 학생 문해력 뒷걸음질

한국 학생들이 이전보다 책을 덜 읽고 문해력이 약해지는 것으로 나타났다. 소셜 미디어와 디지털 기기를 많이 사용하면서 학생들이 책 읽기를 피하고 있는 것이다. 문화체육관광부의 '국민 독서실태 조사'에 따르면, 지난해 초중고학생 한 명이 학교 도서관에서 빌려본 책은 지난해 34권으로, 2013년 39.5권보다 13.9% 감소했다.

책을 덜 읽다 보니 학생들의 문해력도 떨어지고 있다. 국가 수준 학업 성취도 평가 결과, 고2 학생 중 국어 과목에서 '보통 학력 이상'의 평가를 받은 학생은 2019년 77.5%에서 지난해 52.1%로 크게 줄었다. 중3 학생도 비슷한 추세를 보였다.

반면 '기초학력 미달' 비율은 대폭 늘었다. 고2 학생 중에서 '기초학력 미달'인 학생의 비율이 4%에서 8.6%로 두 배 이상 증가했다. 중3 학생의 경우 4.1%에서 9.1%로 더 크게 늘어났다.

수업시간에 교사가 사건의 시발점(始發點)이라고 말하자 "선생님이 왜 욕을 하느냐"라며 따지거나, 두발 자유화 토론에서 "두발이 두 다리인 줄 알았다."라는 학생들도 있었다.

학생들이 책을 덜 읽는 것이 걱정되는 이유는, 이 시기에 책을 많이 읽는 것이 어른이 되었을 때의 문해력에 큰 영향을 미치기 때문이다. 학생들의 문해력을 높이기 위해 독서 교육을 강화해야 한다는 의견이 나오는 이유가 바로 이것이다.

연계 과목 국어 | 독서 | 화법과 작문 | 언어와 매체 | 논술

연계 학과 한국어학과 | 어문학과 | 교육과 | 신문방송학과 | 미디어학과

★ **탐구활동 예시** 디지털 기기의 사용이 학생들의 문해력에 미치는 영향과, 독서 활동이 문해력 향상에 미치는 긍정적 효과를 탐구해 보자. 그리고 학교 도서관의 역할과 독서 환경 개선 방안을 마련해 수업 시간에 발표해 보자.

💬 아이디어 기록장

공공기관, 공기업이 **KTX 좌석 선점**…특혜인가 복지인가

KTX. 위키피디아

한국철도공사(코레일)는 6개 공공기관과 공기업을 대상으로 한 'KTX 장기단체 운영 제도'를 폐지한다고 밝혔다.

KTX 장기단체 운영 제도는 공공기관 6곳에 KTX 승차권 4만여 장을 미리 배정하는 것이다. 하지만 일반 탑승객은 명절이 아닌 주말에도 KTX 예매에 어려움을 겪고 있어, 공공기관과 공기업이 표를 대량 선점하는 것에 불만의 목소리가 컸다.

그동안 공공기관과 공기업이 선점한 좌석은 한국전력 2만 3,000석, 신용보증기금 3,000석, 주택금융공사 4,000석, 자산관리공사 4,000석, 예탁결제원 3,000석 등이다.

연계 과목 통합사회 | 정치와 법 | 경제 | 생활과 윤리 | 사회문제 탐구

연계 학과 법학과 | 사회복지학과 | 지역개발학과 | 경제학과 | 사회학과

★ **탐구활동 예시** 'KTX 장기단체 운영 제도'는 2015년 공공기관·공기업 지방 이전 등을 지원하기 위해 도입됐다. 국민 대부분은 이 제도가 '공기업에 대한 특혜이자 카르텔'이라고 보는 반면, 일각에서는 '지방 소멸을 막기 위한 복지 제도'라고 주장한다. 이 제도와 관련해 자신의 입장을 정리하고, 수업 시간에 찬반 토론을 기획해 실행해 보자.

💬 **아이디어 기록장**

탄소중립법 헌법불합치…**청소년 기후 소송** 승소!

청소년기후행동. youth4climateaction.org

정부가 2031년 이후 온실가스 감축량을 설정하지 않은 것이 "국민의 기본권을 충분히 보호하지 못해 헌법에 어긋난다."라는 헌법 재판소 결정이 나왔다.

청소년기후행동 등이 제기한 헌법소원 4건에서, 헌재는 재판관 전원일치 의견으로 '탄소중립기본법 8조 1항'에 헌법불합치 결정을 내렸다. 다만 정부가 2030년까지 온실가스 감축목표를 세운 부분은 헌법에 어긋나지 않는다고 판단했다. 정부는 2030년 국가 온실가스 배출량을 2018년 배출량 기준 40% 감축하기로 했지만, 그 이후로는 어떤 기준도 설정하지 않았다.

헌재는 "국가의 기후 위기에 대한 대응의 의무도 국가와 국민이 '환경보전'을 위해 노력할 의무에 포함된다."라며 "감축목표 설정이 미래에 과중한 부담을 이전하지 않는 방식으로, 또 감축이 실효적으로 담보될 수 있는 방식으로 제도화돼 있는지 등을, 과학적 사실과 국제기준을 고려해 판단해야 한다."라고 설명했다.

헌법불합치 결정에 따라, 해당 조항은 2026년 2월 28일까지만 효력이 인정된다. 정부는 개정 시한까지 헌재 취지를 반영해, 보다 강화된 기후 대책을 수립해야 한다.

연계 과목   통합사회 | 세계지리 | 경제 | 환경 | 사회문제 탐구

연계 학과   환경학과 | 환경보건학과 | 환경공학과 | 에너지시스템학과 | 기후경제학과

★ **탐구활동 예시**   이번 헌재의 판단은, 정부가 기후 위기 대응에 제 역할을 못하면 환경권 등 국민의 기본권 침해로 이어질 수 있다고 인정한 것이다. 정부의 기후 위기 대응 현황에 대해 상세히 조사하고, 위법하거나 보완이 필요한 부분을 찾아 대안을 밝히는 보고서를 써 보자.

💬 **아이디어 기록장**

신생아 10명 중 9명이 '중산층 이상 자녀'

우리나라의 합계출생률이 세계 최저 수준으로 떨어졌다. 더 큰 문제는 소득계층에 따라 출생 비율에서 큰 차이를 보인다는 것이다. 신생아 10명 중 9명이 중산층 이상 가정에서, 1명만이 저소득층에서 태어났다.

이는 정재훈 서울여대 사회복지학과 교수가 신간 '0.6의 공포, 사라지는 한국'에서 인용한 '소득 계층별 출산율 분석과 정책적 함의' 연구보고서에 실린 내용이다. 보고서에 따르면 가난한 집일수록 아이를 낳지 못하는 현상이 심화하고 있다.

2021년 1인당 중위 소득(세후 기준)은 연 3,174만 원이다. 연간 2,380만 원 미만을 벌면 저소득층, 6,348만 원 이상을 벌면 고소득층에 속한다.

정 교수는 책에서 "모두가 아이를 낳지 않기 시작한 시대라고 해도 고소득층은 그래도 아이를 낳고 있고, 중산층은 아이 낳기를 주저하고 있으며, 저소득층은 아예 출산을 포기하기 시작했다고 추측할 수 있다. '유전무죄, 무전유죄'라는 말이 있지만, 이제는 '유전자녀, 무전무자녀'라는 말이 생길 수도 있다."라고 말한다.

함의(含意) 말이나 글 속에 어떠한 뜻이 들어 있음. 또는 그 뜻

연계 과목 통합사회 | 경제 | 사회·문화 | 사회문제 탐구 | 국어 | 독서

연계 학과 사회복지학과 | 보건행정학과 | 지역개발학과 | 경제학과 | 사회학과

★ **탐구활동 예시** 책을 통해 저출생·고령사회가 초래하는 여러 사회 문제를 탐구하고, 문제 해결을 위해 필요한 사회적 돌봄 체제와 보편적 사회보장제도로 무엇이 있는지 알아본 뒤 보고서를 써 보자.

💬 **아이디어 기록장**

반사회적 **사이버 레커**, 어떻게 뿌리 뽑지?

유튜브 사이버 레커 '카라큘라'. 유튜브 캡처

유튜브 사이버 레커들이 '천만 유튜버' 쯔양의 개인사를 밝히지 않겠다는 구실로 돈을 뜯어낸 의혹을 받고 있다. 쯔양 측에서는 이들을 대상으로 고소장을 제출할 예정이다.

'사이버 레커(Cyber Wrecker)'란 교통사고 현장에 누구보다 빠르게 도착하는 견인차처럼, 사람들의 이목을 끄는 이슈가 터지면 관련한 내용으로 자극적인 콘텐츠를 만들어 빠르게 유포해 돈을 버는 인터넷 영상 제작자를 말한다.

사이버 레커들은 대부분 유튜브에서 활동 중이다. 동영상 조회수로 수익을 내는 건 기본이고, 광고와 유료 멤버십, 후원금 등 다양한 방식으로 소득을 올릴 수 있어서다. 사건 피해자의 인권이나 사건의 진위 파악은 안중에도 없이, 오로지 높은 조회수를 올리기 위해 자극적인 영상을 올린다.

사이버 레커들의 반사회적 콘텐츠 유포와, 이로 인해 피해를 당하는 사람들이 급격히 증가하면서, 관리 주체인 유튜브에 적극적인 대응과 책임을 물어야 한다는 목소리도 커지고 있다.

연계 과목　통합사회 | 생활과 윤리 | 사회문제 탐구 | 국어 | 언어와 매체

연계 학과　법학과 | 행정학과 | 미디어학과 | 신문방송학과 | 교육학과 | 청소년지도학과

★ **탐구활동 예시**　유튜브에서 혐오를 부추겨 돈을 벌거나 가짜뉴스를 확산시키는 사이버 레커에 대한 처벌과 재발 방지를 위한 법적·사회적 대책을 탐구하고, 학교에서 '사이버 레커 시청 중단' 캠페인을 펼쳐서 그 과정과 결과, 얻은 바를 보고서로 작성해 보자.

💬 **아이디어 기록장**

AI 일자리 위협에 "월 138만 원 보편소득 지급"

 OpenAI

오픈AI의 '보편소득 실험' 결과가 곧 발표된다. 이번 실험은 샘 올트먼 오픈AI 최고경영자(CEO)가 2019년 자신이 세운 비영리 연구기관 '오픈 리서치'에 기탁한 6천 만 달러로 시작됐다.

이 실험은 조건 없는 현금 지급이 소비자의 행동과 스트레스 수준, 직업 선택에 미치는 영향을 파악하기 위해 실시됐다. 실험 대상으로 연 소득 2만 8천 달러 미만인 주민 3천 명이 선정돼, 매달 20~100 달러를 받았다. 실험 결과는 7월 22일 발표된다.

올트먼 CEO는 "AI 시대가 인간의 일자리를 위협하는만큼 보편소득이 필요하며, 보편소득 없이는 진정한 기회의 평등을 이루는 것은 불가능하다."라고 강조해 왔다.

보편소득 도입을 지지하는 기업가들은 이외에도 많다. 일론 머스크 테슬라 CEO, 잭 도시 트위터 공동 창업자, 마크 베니오프 세일즈포스 CEO 등이 대표적이다.

미국 일간지 뉴욕타임스(NYT)는 "보편소득을 받는 주민들이 돈을 흥청망청 쓸 것이라는 우려가 있었지만, 그동안의 실험 결과를 봤을 때 현금 지급은 해체 위기에 놓인 가정에 큰 도움을 줬다."라고 설명했다.

연계 과목   통합사회 | 경제 | 생활과 윤리 | 진로와 직업 | 실용경제

연계 학과   경제학과 | 경영학과 | 보건행정학과 | 사회복지학과

★ **탐구활동 예시**   7월 22일 발표되는 실험 결과와 시사점을 살펴본 후, 우리 사회에도 보편소득이 필요한지를 'AI의 일자리 위협' 문제에 근거해 탐구하고, 수업 시간에 발표해 보자.

💬 아이디어 기록장

청소년 숏폼 이용 시 "시간 조절 어려워요"

온라인 동영상을 이용하는 전 연령대 중에 청소년이 숏폼 이용 시 시간 조절에 가장 어려움을 겪는 것으로 밝혀졌다. 이는 과학기술정보통신부가 실시한 디지털 정보격차·웹 접근성·스마트폰 과의존의 2023년도 실태조사 결과이다.

1분 정도 분량의 영상을 의미하는 '숏폼'을 이용하는 사람들 중 23%가 이용 시간 조절에 어려움을 겪는 것으로 나타났다. 특히 청소년은 36.7%가 어려움을 느낀다고 답해 '스마트폰 과의존'이 우려되는 상황이다.

스마트폰 과의존이란 스마트폰을 과도하게 이용해 일상에서 스마트폰이 가장 우선시되고, 이용량을 조절하는 능력이 감소하며, 이에 따라 신체·심리·사회적 문제를 겪게 되는 상태를 뜻한다.

연계 과목	국어 | 언어와 매체 | 통합사회 | 사회·문화 | 사회문제 탐구 | 수학	연계 학과	통계학과 | 미디어학과 | 심리학과 | 의예과 | 임상병리학과

★ **탐구활동 예시**   학급 친구들의 숏폼 이용 현황을 설문조사한 후 통계를 내 보고, 스마트폰 과의존 비율을 알아보자. 그리고 스마트폰 과의존을 막을 수 있는 방안을 찾아 수업시간에 발표해 보자.

💬 **아이디어 기록장**

고려대 "학폭 지원자 최대 20점 감점"

고려대

고려대가 2025학년도 대입부터 정시전형에서 학교폭력 징계 이력이 있는 지원자에게 최대 20점을 감점하기로 했다. 이에 따라 학폭으로 8호(강제전학), 9호(퇴학) 조치를 받은 정시 지원자는 1,010점 만점에서 20점이 감점된다. 수시에서는 공동체 역량 영역에서 정성적으로 반영한다.

고려대 김동원 총장은 "이타심과 리더십, 공동체 의식이 강한 고려대의 인재상과 다르기 때문에 페널티를 주는 것"이라고 설명했다.

최상위권 학생들이 몰리는 대학인만큼 현재 0.1점으로도 당락이 갈리고 있기 때문에, 20점이 감점될 경우 사실상 고려대 입학은 불가능할 것으로 보인다.

연계 과목 통합사회 | 생활과 윤리 | 사회문제 탐구 | 진로와 직업

연계 학과 교육학과 | 사회교육과 | 가정교육과 | 청소년지도학과

탐구활동 예시 자신이 겪었거나 접해본 학교폭력 사례를 정리해 보고, 관련한 학교폭력을 없앨 수 있는 방안을 탐구해 학급 생활에 적용해 보자. 그리고 이 과정과 효과, 개선점 등을 정리해 소감문을 써보자.

🗨 아이디어 기록장

지위 높은 직업 "한·중·일은 국회의원, 미·독은 소방관"

사회적 지위가 높은 직업으로 한국과 중국, 일본 국민들은 '국회의원'을, 미국과 독일은 '소방관'을 꼽았다. 특히 한국은 다른 나라에 비해 직업에 귀천이 있다는 생각이 가장 강한 것으로 드러났다.

한국직업능력연구원(직능연)의 '직업의식 및 직업윤리의 국제비교 연구' 보고서는 지난해 7~8월 5개국의 18~64세 취업자 각 1,500명을 대상으로 한 조사에서 이 같은 결과가 나왔다고 밝혔다.

한국 국민은 1위 국회의원에 이어 2위 약사, 3위 인공지능전문가를 택했다. 미국과 독일에서 1위를 차지한 소방관은 11위에 머물렀다. 중국과 일본의 소방관 순위는 각각 9위와 3위를 차지했다. 같은 동양권인 한·중·일 중에서도 소방관에 대한 한국인의 직업 인식이 가장 낮은 결과이다. 반면, 미국과 독일에서는 국회의원 순위가 각각 12위와 10위에 그쳤다.

보고서는 "직업 위세 격차가 미국, 일본, 독일은 작고, 중국은 중간 수준이며, 한국은 두드러지게 큰 것으로 나타났다."고 설명하며 "한국 사회에서 다른 나라에 비해 상대적으로 직업 귀천 의식이 강하게 작동하고 있음을 시사한다."고 썼다.

연계 과목 통합사회 | 진로와 직업 | 교육학 | 생활과 윤리 | 언어와 매체

연계 학과 사회학과 | 교육학과 | 문화인류학과 | 윤리학과 | 철학과 | 경제학과

★ **탐구활동 예시** 직업에 대한 귀천의식은 그 직업에 대한 사회적 존중과 처우, 임금 수준 등에 따라 결정되는 경우가 많다. 소방관 직업에 대한 미국과 독일의 사회적 존중과 처우, 임금 수준 등을 한국과 비교 분석해 보고, 이를 토대로 한국이 변화해 가야 할 방향을 구체적으로 탐구해 수업 시간에 발표해 보자.

💬 **아이디어 기록장**

이 세계를 열 배로 즐기는 법 '여행자의 어원사전'

마다가스카르는 왜 마다가스카르고, 스페인은 왜 스페인일까? 사실 마다가스카르 국민들은 자기 나라를 '마다가시카라'라고 부른다는 것을, 스페인의 옛 이름은 '토끼의 해안'이라는 뜻이 었다는 것을 알고 있는가? 저마다의 고유한 이야기를 가진 이름이야말로 그 나라의 성격과 역사를 가장 잘 드러내는 핵심이다.

여행과 어원의 매력에 푹 빠져 지난 20년간 전 세계 방방곡곡을 탐험해 온 덩컨 매든, 그가 속속들이 수집한 각 나라 이름에 깃든 수많은 이야기가 단행본 "여행자의 어원사전"에서 펼쳐진다. 이름의 기원을 알고 나면 그 나라가 다시 보이는 법이다. 이름에는 건국신화부터 민담과 전설, 지리적 특성, 전쟁사까지 너무도 많은 역사가 들어 있기 때문이다.

약간의 실수와 오해, 우연과 착각도 어원의 변천사에서 빼놓을 수 없는 부분이다. 포르투갈의 뿌리인 '포르투스 칼레(Portus Cale)'는 문자 그대로 해석하면 '항구의 항구'라 뜻이 중복되지만 사람들은 그냥 그렇게 불렀다.

이처럼 각 나라의 이름이 어떻게 변해왔는지에 대한 과학적 근거뿐만 아니라 종교적이고 미신적인 에피소드, 사소하고도 재밌는 깨알 정보가 이 책에는 가득하다.

연계 과목 통합사회 | 생활과 윤리 | 사회문제 탐구 | 진로와 직업

연계 학과 교육학과 | 사회교육과 | 가정교육과 | 청소년지도학과

탐구활동 예시 자신이 겪었거나 접해본 학교폭력 사례를 정리해 보고, 관련한 학교폭력을 없앨 수 있는 방안을 탐구해 학급 생활에 적용해 보자. 그리고 이 과정과 효과, 개선점 등을 정리해 소감문을 써보자.

🗨 아이디어 기록장

경제 살리려면 "강력한 **기후대응 정책** 필요"

기후변화에 따른 위험이 우리나라 실물 경제에 미치는 영향을 분석한 연구가 발표됐다. 한국은행과 금융감독원, 기상청이 작성한 '기후변화 리스크(위험)가 실물경제에 미치는 영향' 보고서에 따르면, 기후대응 정책이 강력하게 시행될수록 기후변화로 인한 경제적 피해를 줄일 수 있는 것으로 나타났다.

보고서는 특히 강력한 정책을 통해 산업계의 온실가스 배출을 줄이고, 재생 가능 에너지를 도입하며, 에너지 효율을 높이는 등의 노력이 필요하다고 강조했다.

반면, 대응 정책이 미흡할 경우 기후변화로 인해 발생하는 경제적 손실이 크게 증가할 것으로 예상했다. 농업, 수산업, 관광업 등 다양한 산업이 기후변화의 직접적인 영향을 받게 되며, 이는 경제 전반에 걸친 악영향을 초래할 수 있다는 것이다.

연구진은 "기후변화 대응을 위해 지속 가능한 정책을 강력히 추진해야 한다."라고 강조하며, "이를 통해 우리나라 경제의 안정성과 지속 가능성을 확보할 수 있을 것"이라고 밝혔다.

기후변화에 대한 적극적인 대응이, 미래의 경제적 안정을 보장하는 열쇠가 될 것임을 시사하는 것이다.

연계 과목	통합과학 | 물리학 | 지구과학 | 환경 | 생활과 과학

연계 학과	산업공학과 | 에너지공학과 | 환경공학과 | 농업생명과학과 | 해양과학과

★ **탐구활동 예시**　기후변화 대응을 위해 재생 가능 에너지를 활용하는 방안을 연구해 보자. 태양광, 풍력, 수력 등 재생 가능 에너지의 도입 사례를 조사하고, 재생 가능 에너지의 경제적, 환경적 장점을 분석해보자. 이를 통해 우리나라에서 재생 가능 에너지를 효과적으로 활용할 수 있는 방안을 제시해 보자.

💬 아이디어 기록장

'외로움'이 건강을 위협한다

외로움은 질병의 직접적인 원인은 아니더라도, 건강을 위협하는 요소로 알려져 있다. 과학 저널 '네이처 인간 행동(Nature Human Behaviour)'에 실린 연구에 따르면, 미국 툴레인대 연구진이 영국인 47만여 명을 대상으로 한 연구에서 외로움이 30개 질환의 위험을 높일 수 있음을 확인했다.

연구진은 영국바이오뱅크의 데이터를 사용해 외로움과 질병 사이의 관계를 분석했다. 이 연구에는 47만 6,100명의 영국인이 참여했으며, 참가자들의 행동, 유전, 입원 데이터를 결합해 14개 범주와 56개 개별 질병과의 연관성을 조사했다. 그 결과, 참가자 중 4.9%가 외로움을 느끼는 사람으로 분류됐다.

분석에 따르면, 외로움은 14개 질병 범주 중 13개, 56개 개별 질환 중 30개의 질환 위험을 증가시키는 것으로 밝혀졌다. 외로움과 밀접한 관련이 있는 질병으로는 외상 후 스트레스 장애(PTSD), 우울증, 불안, 조현병, 만성 폐쇄성 폐 질환(COPD) 등이 있다.

연구진은 추가 분석을 통해 심혈관 질환, 제2형 당뇨병, 비만, 만성 간 질환, 만성 신장 질환 등 20개 질환이 외로움과 비인과적 연관성이 있음을 발견했다. 이는 외로움이 질병의 직접적인 원인이라기보다는 예측 가능한 지표가 될 수 있음을 시사한다.

연구진은 "외로움과 질병을 연결하는 메커니즘을 밝히기 위해 추가 연구가 필요하다."라고 설명했다. 다양한 참여자를 포함한 연구가 이루어져야 하며, 외로움과 관련된 위험 요인을 관리하면 건강을 개선할 수 있음을 보여준다.

연계 과목 통합과학 | 생명과학 | 보건 | 교육학 | 생활과 과학

연계 학과 의예과 | 간호학과 | 임상병리학과 | 사회복지학과 | 교육학과

★ **탐구활동 예시** 외로움을 느끼는 학생들과 그렇지 않은 학생들의 동아리 활동, 자원봉사 등 교내 활동 참여도를 비교하고, 두 그룹 간의 차이를 분석해 보자. 이를 통해 사회적 활동이 외로움 극복에 미치는 영향을 파악하고, 교내 활동 참여도를 높이는 방안을 제안해 보자.

💬 아이디어 기록장

'생수' 소비가 인간과 지구를 위협한다

미국 뉴욕의대와 카타르 웨일코넬의대 연구진이 생수가 인간 건강과 지구 환경에 미치는 악영향을 분석해 발표했다.

연구진에 따르면, 연구에 쓰인 생수 표본의 10~78%에서 호르몬 교란 물질인 미세 플라스틱, 프탈레이트, 비스페놀 A(BPA) 등이 발견됐다. 이는 생수가 수돗물처럼 엄격하게 관리되지 않는데다, 장기간 햇빛이나 고온에 노출되면서 플라스틱 병을 통해 유해 화학물질이 발생한 데 따른 결과라고 연구진은 밝혔다.

미세 플라스틱 오염은 산화 스트레스, 면역 체계 조절 장애, 혈중 지방 수치 변화 등에 영향을 미치며, BPA 노출은 고혈압, 심혈관 질환, 당뇨병, 비만 등에 영향을 준다.

생수 소비는 지구환경에도 위협을 가하고 있다. 생수를 담는 플라스틱 병은 전체 플라스틱 쓰레기의 12%를 차지하지만, 그중 재활용되는 비율은 9%에 그치는 상황이다.

연계 과목 통합과학 | 생명과학 | 화학 | 보건 | 환경

연계 학과 의예과 | 의생명공학과 | 환경과학과 | 식량자원학과 | 식품공학과

★ **탐구활동 예시** 수돗물이 환경 보호와 건강 등에 이롭다는 사실을 탐구하고, 지속 가능한 소비 관행으로 자리 잡게 할 수 있는 방안을 찾아 수업 시간에 발표해 보자.

💬 **아이디어 기록장**

그린란드 빙하로 백두산 화산 대폭발의 미스터리 풀다

그린란드 빙하코어에서 발견된 백두산 천년분화 기원의 화산재. 길이의 단위인 μm는 1/1000mm 에 해당한다. 서울대

서울대 지구환경과학부 연구진이 서기 946년에 발생한 백두산 대폭발, 즉 '천년분화'(Millennium Eruption)가 1~2개월 간격으로 겨울철에 두 차례에 걸쳐 발생한 사실을 규명했다.

백두산 천년분화는 과거 2,000년 동안 발생한 화산 폭발 중 가장 강력한 폭발 중 하나로 꼽힌다. 최근 백두산 일대에서 서로 다른 마그마 성분의 화산재 기원의 암석이 발견돼, 천년분화가 두 번의 폭발이 있었던 것으로 알려졌으나, 그 간격은 정확히 알기 어려웠다.

백두산 대폭발로 발생한 화산재는 10일을 날아가 7,000㎞ 떨어진 그린란드까지 도달했다. 연구진은 그린란드 빙하코어(빙하를 시추해 추출한 원통 모양의 얼음 기둥)에서 발견한 화산재 성분을 분석해 대폭발 간격을 측정했다. 그 결과, 천년분화는 겨울철에 두 번의 서로 다른 마그마 분출로 이루어졌고, 이 마그마 분출의 시간 간격이 1~2달이었음을 밝혀냈다.

연구진은 또한 백두산 천년분화 동안 전 지구적인 기후변화가 관찰되지 않은 이유도 찾아냈다. 연구신은 천년분화 동안 방출된 이산화황 가스가 대부분 대류권에 머물면서, 몇 주 동안 일시적인 햇빛 차단 효과만을 만들어냈기 때문이라고 그 이유를 설명했다.

난제(難題) 해결하기 어려운 일이나 사건

연계 과목 통합과학 | 지구과학 | 환경 | 과학사 | 생활과 과학

연계 학과 지구환경과학과 | 지질학과 | 대기과학과 | 해양생명과학과 | 임산공학과

★ **탐구활동 예시** 그린란드 빙하에는 물로 녹였을 때를 기준으로 20cm 이상의 눈이 매년 쌓이기 때문에, 화산재가 발견된 깊이 차이를 측정하면 폭발 시차를 알 수 있다. 이처럼 자연을 활용해 규명 가능한 과학적 난제를 탐구하고, 이를 수업 시간에 발표해 보자.

💬 아이디어 기록장

고양이 눈 모방한 고감도 인공 시각 카메라 개발

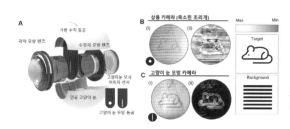

고양이 눈에서 영감을 받은 카메라 시스템. GIST

최근 로봇이 주변 환경을 인식하고 탐색하는 혁신적인 로봇 비전 시스템이 광범위하게 활용되고 있다. 하지만, 밝은 환경에서는 픽셀이 포화 상태에 이르고 어두운 환경에서는 광전류가 낮아 물체와 배경의 구분이 어려워진다는 단점이 있다.

이와 관련해, GIST 전기전자컴퓨터공학부와 서울대 화학생물공학부 공동 연구진이 고양잇과 동물의 눈에 있는 '휘판'을 응용해, 어두운 환경에서도 고감도 영상을 촬영할 수 있는 기술을 개발했다. 고양잇과 동물의 눈은 수직으로 길쭉한 동공과 휘판이라는 특징적 구조를 가지고 있어, 다양한 조명 조건에서 위장 해제 능력을 갖추고 있다.

연구진은 "고양이의 수직 동공과 휘판 구조를 모사해 고감도 인공 시각 시스템을 개발했다."라고 밝히고, "다양한 조명 환경에서도 소프트웨어 후처리 없이 하드웨어 자체로 객체 인지 능력을 향상시킬 수 있어, 자율주행 자동차, 드론, 감시 로봇 등 다양한 분야에 적용될 수 있을 것으로 기대한다."라고 설명했다.

휘판(Tapetum Lucidum) 척추동물의 눈에서 흔히 볼 수 있는 생물학적 반사체 시스템인 망막에 존재하는 조직층. 동물들의 눈이 어두운 곳에서 반사돼 빛나는 것이 바로 이 휘판에 의해서 일어나는 현상이다.

연계 과목 통합과학 | 생명과학 | 물리학 | 정보 | 융합과학 | 인공지능 기초

연계 학과 생명공학과 | 컴퓨터공학과 | 화학공학과 | 전기공학과 | 전자공학과

★ **탐구활동 예시** 자연계 동물은 장기간의 진화를 통해 복잡한 환경에 최적화된 독특한 시각 시스템을 발달시켰으며, 여기에는 인공 시각 시스템의 한계 극복을 위한 해결책이 잠재돼 있다. 특별한 시각 시스템을 가진 동물을 찾아 특이점을 탐구하고, 이를 인공지능에 활용할 수 있는 아이디어를 고안해 보고서를 써 보자.

💬 **아이디어 기록장**

약한 가속도에서 뉴턴 역학 붕괴…**밀그롬 역학**이 옳았다

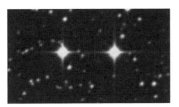

Gaia 우주망원경으로 관측된 장주기 쌍성의 예. 이 별들은 서로 약 6,000천문단위(1천문단위는 지구부터 태양까지의 거리) 거리에서 돌고 있다. 이 쌍성은 지구로부터 약 280광년 거리에 있다. 배경의 희미한 별들은 훨씬 먼 거리에 있어 쌍성과는 무관하다. 세종대

세종대 물리천문학과 채규현 교수가 장주기 쌍성(왼쪽 그림)의 궤도운동이 쌍성 사이의 가속도가 극히 약해질 때, 뉴턴-아인슈타인 표준중력의 예측에서 벗어나 밀그롬(Mordehai Milgrom) 역학 혹은 수정(modified) 뉴턴 역학의 예측을 따른다는 연구 결과를 발표했다.

채 교수가 밝힌 중력 변칙에 의하면 장주기 쌍성은 두 별 사이의 중력 가속도가 제곱 초당 약 10분의 1나노미터 이하일 때, 뉴턴의 예측보다 약 40% 정도 크다. 채 교수는 "이러한 중력 변칙은 많은 물리학자와 천문학자들에게 불가사의한 것이다. 그런데 주목할 것은 이러한 중력변칙이 밀그롬에 의해서 이미 40여 년 전에 예측됐다는 것"이라고 말했다.

약한 가속도에서 중력의 성질은 매우 중요한데, 이는 암흑물질 개념, 천체들의 역학, 근본 물리 이론, 우주론 등이 중력의 성질과 깊이 얽혀 있기 때문이다. 가령 약한 가속도에서 중력이 뉴턴의 예측에서 벗어난다면 일반상대성이론의 수정 혹은 확장이 불가피해지고, 표준우주론도 수정돼야 한다.

연계 과목 통합과학 | 물리학 | 지구과학 | 과학사 | 과학과제 연구

연계 학과 천문학과 | 천문우주과학과 | 우주과학과 | 물리학과

★ **탐구활동 예시** 뉴턴 역학과 일반상대성이론에서는, 일정한 외부 중력 가속도에 의해서 자유낙하하는 물체의 내부 역학은 외부 중력 가속도의 세기와 무관하다. 하지만 이와 달리, 밀그롬 역학은 강한 등가 원리의 위배를 가정한다. 밀그롬 역학에 대해 탐구하고, 뉴턴 역학과 일반상대성이론, 밀그롬 역학의 각각의 내용에 대해 친구들에게 이해하기 쉽게 설명해 보자.

📣♩ 아이디어 기록장

홍수와 가뭄에도 **깨끗한 물 저장하는 기술** 개발

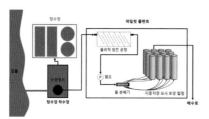

13개월 동안 약 2주 간격으로 강물을 주입, 저장 및 회수하는 물리적 침전 공정과 지중저장 모사 토양칼럼(soil column)이 결합한 지중저장 모사 파일럿 시스템.
한국과학기술연구원

전 세계적으로 기후변화로 인한 극한 홍수 및 가뭄이 반복되고 있다. 우리나라도 여름철에 비가 집중적으로 내리고 극심한 강우가 발생해, 도시 지역을 제외한 도서 지역과 농촌 지역에서는 물 공급에 어려움이 커지고 있다. 이런 상황에서 안정적으로 물을 저장하고 공급하기 위한 방법으로, 지중저장(땅속 저장) 기술이 주목받고 있다.

한국과학기술연구원(KIST) 물자원순환연구단은 안정적 물 저장 가능성을 향상할 수 있는 지중저장 기법을 개발했다.

연구진은 약 13개월 동안 2주 간격으로 강물을 땅속 모래층에 주입하고 2주 후에 다시 물을 회수하는 방식을 반복하면서, 그 과정에서 유기물과 미생물의 변화를 관찰했다. 실험을 통해 강물의 계절적 변화에도, 토양 유기물 및 저장된 물의 유기물 농도가 안정적으로 유지된다는 사실을 확인했다. 이는 화학적 처리 없이 간단한 물리적 침전 공정만으로도, 1년 동안 공극(비어있는 공간) 막힘 현상 없이 안정적인 수질이 유지됐음을 시사한다.

한편, 적절한 처리 없이 지표수를 지하수층에 주입할 경우, 그동안은 주입수 내에 존재하는 동화 유기탄소(Assimilable organic carbon)와 같은 유기물을 먹이로 성장하는 미생물로 인한 공극 막힘 현상이 발생하는 한계가 있었다.

연계 과목 통합과학 | 생명과학 | 지구과학 | 생활과 과학 | 환경

연계 학과 생명공학과 | 미생물학과 | 화학과 | 환경공학과 | 에너지자원공학과

★ **탐구활동 예시** 기후위기로 발생하는 환경 문제들을 조사하고, 기후변화 영향을 최소화해 환경을 보호하는 기술 아이디어를 고안해 탐구보고서를 써 보자.

아이디어 기록장

AI 개발·학습에 에너지 낭비 심각

오픈AI의 챗GPT와 25~50개 정도 질문을 주고받는 데 물 500㎖가 쓰인다는 연구 결과가 나왔다. 미국 콜로라도대와 텍사스대 연구진은 챗GPT를 사용할 때 생기는 열을 식히기 위해 데이터센터에서 쓰는 냉각 수량을 추정해 이같이 발표했다. GPT3를 훈련하는 데는 물 70만ℓ를 사용한 것으로 나타났다.

미국 일간지 월스트리트저널(WSJ)은 "GPT4는 이보다 더 많은 물을 소비할 가능성이 높은데, 관련 기업들이 물 소비량을 공개하지 않고 있다."라며 "AI가 지구온난화로 인한 이상기후를 더 악화시킬 수 있다."라고 꼬집었다.

또한 스탠퍼드대 연구진은 GPT3가 학습하는 데 1,287MWh가 들어갔다고 밝혔다. AI 모델 하나가 학습하는 데 미국 가정 100가구가 1년 동안 쓰는 것보다 더 많은 전기가 쓰인 것이다. 이산화탄소 배출량으로 환산하면 502t으로, 한국인 1인당 탄소 배출량인 11.66t의 43배가 넘는다.

AI의 발전 속도가 이대로 간다면 2027년에는 세계 AI 서버의 전력 소비량이 한 국가의 연간 전력 소비량과 비슷해질 것이라는 전망도 나오고 있다.

연계 과목 정보 | 인공지능 기초 | 통합과학 | 지구과학 | 생활과 과학 | 환경

연계 학과 환경과학과 | 환경화학과 | 지구환경과학과 | 에너지자원공학과 | IT융합학과

★ **탐구활동 예시** 산업계에 필요 이상의 AI를 투입하는 것은 이상기후 심화와 쓸데없는 에너지 낭비를 초래할 수 있다는 점을 친구들에게 설명하고, AI 개발·활용에 투입되는 물과 에너지양을 줄이는 방안을 탐구해 보고서를 써 보자.

🗨 **아이디어 기록장**

'암흑산소' 발견으로 생명의 기원이 흔들린다

태평양 심해의 망간단괴. X @welt

산소가 광합성을 통해 생성된다는 것은 상식이다. 하지만 햇빛이 없는 심해에서 산소가 발생하고 있다는 연구 결과가 나와, 과학계가 들썩이고 있다.

스코틀랜드 해양과학협회(SAMS)의 국제 연구진은 태평양 심해 해저에 깔린 망간단괴의 표면이 높은 전하를 띠고 있는 것을 발견했다.

망간단괴는 감자알만 한 크기로, 망간뿐 아니라 코발트, 니켈, 구리, 리튬 등으로 이루어진 금속이다. 연구진은 이 망간단괴가 배터리 역할을 해, 바닷물을 수소와 산소로 전기 분해해 산소를 만들어내고 있다는 사실을 밝혀냈다. 연구진은 이 산소를 '암흑산소'라고 명명했다.

하지만 연구진은 망간단괴에서 전기가 어떻게 만들어지는지는 알아내지 못했다. 암흑산소 발생의 지속성과 발생 조건, 생태계에 미치는 영향 등도 규명해야 할 숙제다.

한편, 암흑산소의 발견은 30억 년 전 남조류에 의해 대량 생성된 산소가 생명의 기원이라는 학계의 정설을 뿌리째 흔들고 있다. 생명의 근원이 바닷속에서 생성된 암흑산소일 가능성이 있기 때문이다. 이 가설이 사실이라면, 바다가 있는 행성에서는 산소 없이도 생명체가 탄생할 수 있다는 뜻이 된다.

연계 과목 통합과학 | 지구과학 | 물리학 | 화학 | 해양문화와 기술

연계 학과 해양생명과학과 | 해양자원학과 | 지구환경과학과 | 천문학과 | 우주과학과

★ **탐구활동 예시** 생명의 기원에 관한 여러 가설 중 '심해 열수구설'이 있다. 이 이론의 근거에 관해 탐구하고, 암흑산소가 에너지원으로 사용됐다면 심해 열수구설이 사실일 수 있음을 수업 시간에 설명해 보자.

💬 **아이디어 기록장**

달걀흰자로 만든 쌀 나왔다

달걀흰자 쌀. eggydayofficial.com

태국 쭐랄롱꼰대학교 연합보건과학부 영양식이요법학과 연구진이 단백질 변환 기술을 통해, 달걀흰자로 만든 즉석 쌀 'eggyday'를 개발해 시판에 들어갔다. 이 제품은 양질의 단백질로 이루어져 있으며, 글루텐은 들어있지 않다. 또한 칼슘과 식이섬유를 풍부하게 함유하고 있지만, 열량은 낮다.

연구진은 "달걀흰자의 단백질 구조를 쌀의 모양과 맛, 식감과 거의 같게 변형시키면서도, 달걀흰자의 영양가를 온전히 유지한다."라고 설명했다. eggyday는 태국의 비만인과 노인, 특히 전분과 설탕 섭취를 조절해야 하는 당뇨병 환자들에게 획기적인 식품으로 환영받고 있다.

연계 과목	통합과학 | 생명과학 | 화학 | 농업생명과학 | 과학과제 연구
연계 학과	식품공학과 | 화학공학과 | 농공학과 | 식량자원학과 | 유전공학과

★ **탐구활동 예시**   글루텐은 보리, 밀 등 곡물에 있는 글루테닌과 글리아딘이 결합해 만들어지는 불용성 단백질이다. 글루텐 섭취 시 생기는 부작용과 '글루텐 프리' 천연식품을 탐구하고, 이들 천연식품을 활용한 새로운 '글루텐 프리' 식품 아이디어를 고안해 보고서를 써 보자.

💬 **아이디어 기록장**

대입용어 정리

학교생활기록부(학생부)

▶ 학교생활기록부 : 학생의 학교 생활을 종합적으로 기록한 것이다. 교과와 비교과로 구분할 수 있는데, 교과는 교과목의 시험성적을 의미하며, 비교과는 출결 및 창의적 체험활동(자율활동, 동아리활동, 봉사활동, 진로활동), 행동특성 및 종합의견 등 성적을 제외한 영역의 기록을 의미한다.

▶ 교과 : 유사한 여러 과목을 포함하는 용어. 예를 들어 수학 교과에는 수학Ⅰ, 수학Ⅱ, 확률과 통계, 기하, 미적분 등의 과목이 포함된다. 즉 '교과'가 '과목'보다 넓은 개념이다.

▶ 석차등급(기존) : 학생부 교과 성적 반영방법으로, 현재 9등급제는 전체 이수자를 개별 수험생이 속해 있는 해당 영역의 누적백분위를 이용하여 9등급으로 표시한 점수체제이다. 전체 이수자의 상위 4%까지를 1등급으로, 1등급을 제외한 전체 이수자의 상위 11%까지를 2등급으로 하여 순차적으로 9등급까지의 등급을 부여하며 등급별 비율은 다음과 같다.

등급	1등급	2등급	3등급	4등급	5등급	6등급	7등급	8등급	9등급
누적백분위(%)	4	11	23	40	60	77	89	96	100

▶ 석차등급(2028학년) : 2028학년도부터 대입을 치를 예비 고1 학생들은, 기존의 9등급제가 아닌 5등급제로 평가받게 되며, 과목 평가결과에는 성취평가(A~E)와 상대평가(1~5등급)가 함께 기재된다. 또한 지식암기 위주의 평가에서 벗어나, 사고력·문제해결능력 등을 평가할 수 있는 논·서술형 내신 평가가 확대 적용될 예정이다.

등급	1등급	2등급	3등급	4등급	5등급
누적백분위(%)	10	34	66	90	100

구 분	절대평가		상대평가
	원점수	성취도	석차등급
보통교과(공통/선택과목)	○	A·B·C·D·E	5등급
사회·과학 융합선택	○	A·B·C·D·E	-
체육·예술/과학탐구실험	-	A·B·C	-
교양	-	P	-
전문교과	○	A·B·C·D·E	5등급

▶ 성취평가제 : 학생부 교과 성적 반영방법으로, 교과 성적을 학업성취기준에 따라 'A-B-C-D-E'로 나눈 것을 말한다.

▶ 비교내신제 : 검정고시 합격자, 재수생 또는 삼수생 이상의 지원자들을 대상으로 대학별고사나 대학수학능력시험 성적에 비추어 학생부 성적을 산출하는 제도이다. 산출방법은 대학별로 다르며, 일반적으로 대학수학능력시험의 등급 혹은 계열별 백분위 점수를 기준하여 적용하거나 비슷한 수능성적을 받은 학생의 내신 성적을 평균하여 적용 또는 대학에서 정한 산출 공식에 대입하여 적용한다.

▶ 이수단위 : 이수 과목의 해당 학기 주당 수업시수를 뜻한다.

▶ 석차백분율 : 학생부의 교과 성적을 백분율로 표시한 것을 말한다(예: 100명 중에 10등을 했다면 석차백분율은 10%(10/100×100=10)).

▶ 세부능력 및 특기사항 : 학생의 과목별 세부능력 혹은 특기사항이다. 학생부에 과목별로 기재하도록 되어 있다.

▶ 수상실적 : 학생이 고교 재학 중 교내에서 받은 상이 학생부에 기록된 것이다. 학생부에는 사교육비 지출 규모가 커지는 것을 막기 위해서 교외 수상을 기재하지 못하도록 규정하고 있다.

▶ 수행평가 : 수행평가란 학생들이 학습하는 과정에서 교과담당교사가 학생의 과제 수행 과정이나 결과, 태도나 가치관 등을 관찰하고 그 관찰 결과를 평가하는 것을 말한다.

▶ 수강자수 : 해당 과목을 수강한 학생의 수를 의미한다.

▶ 출결상황 : 무단으로 인한 결석, 지각, 조퇴, 결과는 입시에 반영된다. 질병이나 기타 사유로 인한 결석, 지각, 조퇴, 결과는 반영되지 않는 경우가 많다.

▶ 표준편차 : 해당 과목 이수자의 점수가 평균으로부터 떨어져 있는 값(편차)의 제곱의 평균에 대한 양의 제곱근이다.

▶ 학년별 반영비율 : 학생부 교과 성적산출 과정에서 각 1, 2, 3학년 성적을 어떤 비율로 반영하느냐를 나타내는 것을 말한다. 대학에 따라 학년 구분 없이 반영하거나, 특정 학년이나 특정 학기의 성적만을 반영할 수도 있다. .

▶ 고교-대학 연계 심화과정(UP) : 고등학생이 대학수준의 교육과정을 대학에서 미리 이수하고, 대학 진학 후 이수결과를 활용할 수 있는 고교와 대학 간 학습 연계 프로그램이다.

▶ 학생부 실질반영비율 : 학생부 반영전형에서 학생부가 실제 총점에서 미치는 비율을 말한다. 많은 대학이 학생부 성적을 반영할 때 기본점수를 반영한다. 예를 들면 수능점수가 600점 만점이고 학생부 교과성적 전수가 400점이 만점인 정시전형에서 학생부 기본점수가 350점이면 실질반영비율은 5%가 된다

$$실질반영비율(\%) = \frac{400-350}{1,000} \times 100 = 5$$

대학수학능력시험(수능)

▶ 원점수 : 맞춘 문항에 부여된 배점을 단순히 합산한 점수를 의미한다.

▶ 표준점수 : 수험생이 선택한 영역별·과목별 난이도 차이를 보완하기 위해서 원점수를 토대로 상대적인 성취수준을 감안하여 재산정한 점수를 말한다. 표준점수는 각 영역별 시험의 난이도에 따른 점수분포(평균과 표준편차)를 고려하여 산출되는 점수로, 영역별 시험점수를 유의미하게 비교하거나 총점으로 합산하여 비교할 때 개인의 상대적인 위치를 알 수 있게 해 준다. 표준점수의 특성상 어려운 시험에서 자신의 점수가 높을 경우 표준점수가 높게 나타나므로 정시전형에서 상위권 대학에서는 변별력을 위해 표준점수 반영을 선호한다. 수능 3 ~ 6 등급대에서는 백분위 점수가 표준점수보다 세분화되어 나타나는 현상을 보여 중위권 이하의 대학에서는 백분위 점수를 반영하는 대학이 많다.

▶ 변환표준점수 : 각 과목의 난이도와 표준편차를 고려해 산출되는 점수이다. 대학에서 주로 탐구영역의 성적을 반영할 때 자체적으로 산출하여 활용한다.

▶ 백분위 : 계열별 전체 응시자 중 한 수험생이 얻은 점수(표준점수)보다 더 낮은 점수를 얻은 수험생들이 전체 학생 중 몇 %가 있는지를 나타내 주는 표시방법을 말한다(예: 한 수험생의 국어영역의 백분위 점수가 79라고 하면 본인의 국어성적보다 낮은 점수를 받은 응시자의 비율이 79%임을 의미). 따라서 백분위를 통하여 집단의 크기나 시험의 종류가 다르더라도 상대적인 위치(석차)를 서로 비교해 볼 수 있어, 학생 자신의 영역별 강·약점을 대략적으로 알아보는 데 이용할 수 있다.

▶ 가중치 : 모집 단위별 특성을 고려하여 수능 5개 영역(국어, 수학, 영어, 사회/과학탐구, 제2외국어/한문) 중 특정영역 성적에 비중을 두어 전형총점을 계산하는 것을 말한다. 만약 어느 대학의 모집단위에 수학영역과 영어영역에 가중치를 부여한다면, 수능 총점이 같은 학생이라고 하더라도 수학영역과 영어영역이 우수한 학생이 유리하다.

▶ 가산점 : 수능 성적을 반영할 때 모집단위의 특성에 따라 특정 영역이나 과목에 부여하는 추가점을 말한다(예: 수학 가형과 수학 나형 응시자 모두 지원 가능한 자연계 모집단위에서 수학가형 응시자에게 취득 점수의 일정 비율이나 일정 점수를 부여).

▶ 교차지원 : 수능 응시 영역(과목)과 지원 학과 계열이 다른 것을 뜻한다. 예를 들면 사회탐구영역을 본 뒤 자연계 학과에 원서를 내거나 과학탐구영역을 본 뒤 인문계열에 지원하는 형태이다.

▶ 최저학력기준 : 대학에서 제시한 일정 수준의 성적을 얻어야 최종합격이 되는 기준이다(예: 수시에서 학생부 100%로 선발하고, 최저학력기준을 수능 4개 영역 중 2개 영역 이상 2등급이라고 지정했는데 수능성적이 이를 충족하지 못하면 불합격).

▶ 지정영역 : 수능 영역 중 반드시 반영되는 영역이다. 대학이나 계열, 모집단위 등에 따라 다르다(예: 인문계 모집단위에서 국어, 수학을 지정영역으로 반영하고 영어와 탐구 중 한 가지를 선택하여 반영).

대입 제도

▶ 학과 : '교수 또는 연구의 편의를 위해 구분한 학술의 분과', '전공'이라는 의미로 이해해도 됨.

▶ 학부 : 2개 이상의 유사 학과를 하나의 '부'로 묶어 놓은 것. 대학에서 신입생을 학부 단위로 선발한다면 1학년 때는 교양과목이나 여러 전공의 기초 과정을 공통으로 수강하고, 2학년 때부터 자신이 선택한 개별 전공과정을 공부하게 됨.

▶ 학생부종합전형 : 입학사정관 등이 참여하여 점수만으로 평가할 수 없었던 학생의 잠재능력과 소질, 가능성 등을 종합적으로 평가하고 대학의 인재상이나 모집단위 특성에 맞는 신입생을 선발하는 제도를 말한다.

▶ 입학사정관 : 입학사정관은 대학의 인재상이나 모집단위 특성에 맞는 학생을 선발하기 위해 고교와 자기소개서 등 다양한 전형자료를 심사하고, 학생의 잠재력 및 적성평가, 고등학교의 특색 있는 교육활동을 발굴하는 등 학생선발에 직접 참여하는 대입전형 전문가이다.

▶ 수시모집 : 수능 성적으로만 학생을 선발하지 않고 다양한 능력과 재능을 반영하기 위해 정시모집에 앞서 대학이 자율적으로 기간과 모집인원을 정해서 신입생을 선발한다. 수시모집에 지원하여 합격하면 정시모집에 지원할 수 없고, 수시모집에서 지원자를 선발하지 못한 인원은 정시모집으로 이월하여 선발한다. 일반대학을 기준으로 6회 지원 가능(전문대는 무제한)

▶ 정시모집 : 대학이 일정한 기간을 정해 신입생을 모집한다. 수능 성적표가 배부되고 나서 모집 군을 나누어 신입생을 모집하는데, 수시 모집에 비해 수능성적 반영 비중이 매우 높다. 일반대학을 기준으로 3회 지원 가능(전문대는 무제한)

▶ 모집군 : 정시모집에서 전형일자에 따라 모집 시기를 구분한 것을 뜻한다. 수험생은 정시모집에서 일반대학을 기준으로 '가' '나' '다' 군별로 각각 한 번씩 총 3회 지원할 수 있다.

▶ 추가모집 : 정시모집 전형이 종료된 이후에 결원이 발생한 대학 및 학과에서 추가로 원서를 접수받아 모집인원을 선발한다.

▶ 특별전형 : 대학은 교육 목적에 따라 다양한 소질과 적성의 학생을 선발할 수 있다. 대학교육의 본질을 훼손하지 않는 범위 내에서 차등적 보상의 원칙을 적용하는 전형이다. 크게 정원 내 특별전형과 정원 외 특별전형으로 구분할 수 있다.

▶ 대학 독자적 기준 특별전형 : 대학 독자적 기준에 의한 특별전형은 대학의 교육목적과 사회 통념적 가치기준에 적합한 자로서 대학이 정하는 기준에 해당하는 자를 대상으로 실시하는 정원 내 특별전형을 말한다. 자격기준은 대학마다 다양하게 정하고 있다.

▶ 일괄전형 : 지원자 전체를 대상으로 학생부, 수능, 논술, 면접·구술시험 등 전형 요소 일체를 합산하여 그 총점 성적에 따라 일괄적으로 선발하는 방법을 말한다.

▶ 단계별전형 : 한 번에 일괄적으로 합격자를 선발하는 것이 아니라 여러 단계를 거쳐 합격자를 선발하는 것을 말한다.

（예）1단계 : 모집 정원의 250%를 학생부교과성적으로 선발

　　 2단계 : 1단계성적 70% + 면접 30%

▶ 교직 인·적성 평가 : 교사가 되기에 적합한 적성과 인성을 갖추었는지를 평가하는 것을 말한다. 각 대학의 사범대학 모집난위나 교육내학교에서 심층면섭 능 별노의 방법을 통해 평가한다.

▶ 구술면접시험 : 대입 입학전형요소 중 하나로 말로 하는 시험을 말한다. 구술면접시험을 통해 수험생의 논리적 사고능력, 창의력, 순발력과 응용력을 평가한다.

▶ 심층면접 : 인성과 가치관, 대학수학가능여부, 창의력, 전공에 대한 적합성, 자질 학문적 배경, 기본적 상식 등을 심층적으로 평가하는 것이다.

▶ 모집 단위 : 대학에서 학생을 모집하는 단위이다. 주로 학과 또는 전공단위로 모집을 하며, 학과나 전공 인원을 나누지 않고 학부단위로 모집하는 경우도 있다.

▶ 실질반영비율 : 전형요소가 실제적으로 전형총점에 대하여 미치는 비율을 말한다

$$\text{실질반영비율(\%)} = \frac{\text{만점 - 기본점수}}{\text{전형총점}} \times 100$$

▶ 자유(자율)전공 : 학과나 전공을 택하지 못했거나, 확신이 서지 않은 학생들이 자율전공으로 입학하여 일정기간의 진로탐색과정을 거친 후 자신의 전공을 선택하는 제도이다. 특정한 학과나 학부 등의 전공을 정하지 않고, 자유(자율)전공으로 입학하며, 인문/자연계로 나누어 모집하는 학교도 있다.

▶ 전공예약제 : 학부단위 모집방법과는 다르게 학부 내의 특정 전공을 선택하여 선발하는 방법이다(예: 인문학부 국문학과로 지원한 경우 인문학부 내에서 2학년때 전공선택을 선택할 때 국문학과에 배정).